엔크리스토 제자양육성경공부

| 인도자 지침서 |

인도자 지침서 엔크리스토 제자양육성경공부

초판1쇄 발행일 | 2010년 8월 31일

지은이 | 이대희
펴낸이 | 박종태
펴낸곳 | 엔크리스토
마케팅 | 정문구, 강한덕
관리부 | 이태경, 신주철, 임우섭, 맹정애, 강지선

출판등록 | 2004년 12월 8일(제2004-116호)
주　소 | 경기도 고양시 일산동구 장항동 568-17
전　화 | (031) 907-0696
팩　스 | (031) 905-3927
이메일 | visionbooks@hanmail.net
공급처 | 비전북 전화 (031) 907-3927 팩스 (031) 905-3927

ISBN 978-89-92027-91-5 03230

값 12,000원

● 이 교재의 사용 방법, 내용, 훈련, 세미나에 대한 문의는 바이블미션(02-403-0196, 010-2731-9078)으로 해주시면 최선을 다해 도와드리겠습니다.

엔크리스토 제자양육 성경공부

이대희 지음

인도자 지침서

엔크리스토
ENCHRISTO

앞에 오는 글

말씀을 통한 자연스러운 사람의 성장을 꿈꾸며

포스트모던 시대에 접어든 현대 사회는 하루가 다르게 급변하고 있습니다. 무엇보다도 물질주의, 이기주의로 인하여 인간의 존엄성이 사라지고 있고 세속화, 비인간화가 교회까지 침투하여 교회가 점차 위기를 맞고 있습니다. 우리는 날이 갈수록 무엇이 진리인지 알 수 없는 모호한 시대에서 살고 있습니다.

최후의 보루인 교회마저도 한 사람의 가치보다는 가시적인 건물과 물질에 끌려가고 있는 실정입니다. 이렇게 된 원인은 절대적인 진리인 성경에서 멀어졌기 때문입니다. 우리 주위를 보면 사람과 교회가 말씀보다는 세상적인 유행이나 인위적이고 물질적인 성장이 흐름을 주도하고 있는 듯합니다. 지금 교회와 그리스도인은 내부에서 성장의 힘을 찾기보다는 외부에서 성장의 힘을 찾으려는 유혹에 직면해 있습니다.

교회는 인간의 경험과 생각이 아니라 말씀이 이끌어가야 합니다. 교회의 목적은 말씀을 생활화하는 것입니다. 그러면 자연히 교회는 성장하고 부흥하며 사회에서 영향력을 끼칠 수 있을 것입니다. 과정을 무시하고 빠른 속도로 이끌어 내는 인위적인 성장보다는 조금 느리더라도 과정을 거치면서 자연스럽게 유기적 성장을 추구하는 것이 교회의 소망입니다. 성령의 역사로 교회가 자라가고 흥왕한다면 세상 사람들에게 칭찬 받는 능력의 교회가 될 것입니다.

이것을 위해서 각 그리스도인들에게 말씀의 생명력을 불어넣는 일이 중요합니다. 이런 지속적인 과정을 통하여 점차 구원받는 자가 날마다 늘어나는 기적의 역사가 한국 교회 속에 일어나기를 소원합니다. 일시적인 성공 프로그램이 아닌 말씀을 통한 교회 성장을 꿈꾸어 봅니다.

본 양육교재는 "엔크리스토 성경공부" 라는 이름으로 한국교회에 소개되어 많은 사람들에게 사랑을 받았던 교재에 기초한 제자양육 성경교재입니다. "엔크리스토 성경공부"는 20여 년 전, 마땅한 한국적 성경교재가 없었던 시기에 젊은이와 청년들을 변화시켰던 성경교재입니다. 필자는 말씀을 통해 변화되는 사람들을 보면서 말씀의 힘이 얼마나 위대한지를 직접 경험했고, 그것이 지난 20여 년 동안 성경공부 교재 집필과 말씀을 전하고 가르치는 사역을 어려움 가운데서도 지속적으로 하게 한 원동력이 되었습니다. 지금도 필자는 이 성경교재로 은혜를 받고 성장한 사람들의 이야기들을 종종 접하고 있습니다. 20여 년이 지난 지금, 말씀을 통해 생명의 역사를 일으켰던 그 정신과 힘을 계속 이어간다는 의미에서 이번에 새롭게 내용을 구성하고 보완하여 한국교회 토양에 적합한 제자양육 성경공부 교재를 두려운 마음으로 다시 내놓게 되었습니다.

“성경으로 돌아가자”는 구호는 지금 한국교회에 아주 적합한 말입니다. 우리는 이런저런 프로그램과 내용으로 사람과 교회를 변화시키려 하지만 결국은 성경밖에 없다는 결론에 이르게 됩니다. 사람마다 시기의 차이만 있을 뿐 결국 우리 모두가 이르게 될 종착점은 성경입니다. 시대와 상황에 상관없이 성경공부를 통한 제자양육은 아무리 강조해도 지나치지 않습니다. 성경공부는 단순히 책을 배우는 지식 공부가 아닙니다. 말씀이신 하나님과 말씀이 육신이 되신 예수님과 오늘도 진리로 인도하시는 성령님을 체험으로 알아가는 전인적인 하나님 공부입니다.

2000년 전 초대교회는 전적으로 말씀의 힘을 받아 부흥했습니다. 100여 년 전에 불었던 한국교회의 부흥 역사도 말씀을 통한 부흥이었습니다. 지금의 한국교회는 잠깐 유행하는 프로그램에 이리저리 끌려다녀 시간을 소비하기보다는 성경에 더욱 충실해야 할 것입니다. 아무쪼록 이 양육교재가 그런 일에 조금이라도 보탬이 되기를 소원합니다. 다음 세대에 물려줄 것은 오직 말씀뿐입니다. 이 교재를 통해 성경으로 돌아가며 각자 말씀의 위대한 능력을 경험하는 일이 한국교회에 새롭게 일어나기를 기도합니다. 이런 말씀의 부흥은 시대와 상관없이 다음 세대에도 계속 이어질 것입니다.

지금까지 20여 년 동안 필자와 함께 일대일과 소그룹, 다양한 교회 현장에서 말씀을 나누었던 이름을 기억할 수 없는 수많은 사람들, 각자 주어진 현장에서 주님의 제자로 살아가고 있을 사람들, 말씀을 함께 나누면서 마냥 행복해 했던 많은 형제와 자매들, 성도들, 학생들에게 감사드립니다. 이들은 지금까지 저에게 힘을 부어 주었던 너무나 소중한 사람들입니다. 이 자리를 빌어 감사의 인사를 전합니다. 특히 외로운 말씀의 길로 달려가는 데 늘 위로와 격려, 기도로 힘을 더해 준 착한 아내 채금령 님에게, 그리고 아버지의 일을 이해하고 잘 따라준 샘과 기쁨에게도 고마움을 전합니다. 그동안 말씀의 길을 가도록 멘토로 한결같이 이끌어 주신 은사 주선애 교수님과 어려운 가운데서도 말씀의 소중함을 가지고 한국교회의 말씀 사역을 위해 지원과 힘을 더해 주시고 있는 엔크리스토 박종태 사장님에게 깊은 감사를 드립니다.

오직 하나님께 영광을 올리면서
저자 이대희

인도자 지침서

차례

엔크리스토 제자양육성경공부 교재의 특징과 구성

엔크리스토 제자양육성경공부는 하나님의 말씀을 통해 그리스도의 제자로 양육하는 특징을 가지고 있습니다. 어느 한 부분이 아닌 전인적인 측면에서 제자를 양육하는 한국 토양에 맞는 교재입니다.

특징

1_ 교회와 생활을 변화시키는 새로운 패러다임의 통합형 전인제자양육 과정입니다.

복음 소개와 전도, 일대일 양육, 말씀공부, 영성훈련의 4가지 과정을 하나로 통합한 제자양육 과정으로, 기존의 성경공부 중심으로만 되어 있는 제자양육을 뛰어넘는 새로운 형태의 통합형 전인적 제자양육 과정입니다.

2_ 제자양육의 핵심인 성경공부는 본문을 중심으로 한 귀납적 성경공부와 이야기대화식 성경공부를 통합한 성경공부입니다.

기본적으로 관찰, 해석, 적용의 과정을 거치면서 실천에 이르게 하는 특징을 가지고 있습니다. 또한 이야기와 대화식을 통하여 생동감 있는 말씀으로 생활에 적용하는 가장 효과적인 성경공부 방법을 사용하고 있습니다.

3_ 제자양육을 위한 소그룹의 나눔을 이용한 제자양육 과정입니다.

일방적인 주입식 공부가 아니라 소그룹에서 서로 나눔을 통하여 말씀의 깊이를 알아가며 그것을 생활에 적용하는 제자양육 과정입니다.

4_ 양육의 핵심은 성경공부를 중심으로 하되 이것을 실천하는 영성훈련 과정을 통해 전인적이고 실제적인 제자양육을 하는 과정입니다.

영성훈련의 과정은 일회적이 아니라 지속적으로 반복하여 훈련할 수 있게 구성했으며 실제적으로 활용할 수 있는 방법들을 제시했습니다.

5_ 신앙의 기초와 뼈대와 성장과 열매 맺기 과정을 통하여 자연스럽게 복음과 말씀을 만나 주님을 닮아가는 제자양육 교재입니다.

생명체인 식물처럼 자연스러운 신앙과 유기적인 교회 성장을 기할 수 있도록 구성되었습니다. 교재 내용을 그대로 따라서 과정을 이수하다 보면 자연스럽게 생활에 익숙해지는 양육의 특징을 가지고 있습니다.

6_ 제자로서 꼭 알아야 할 가장 중요한 신앙의 핵심과 뼈대를 중심으로 구성되었습니다.

주님의 칭찬을 받는 제자로 신앙이 자라기 위해서 꼭 필요한 영양분과 같은 내용으로 구성되었습니다. 신앙의 핵심을 이해하면서 신앙의 기초를 든든히 하며 신앙성장을 이룰 수 있습니다.

구성

제자양육의 전체 과정은 크게 네 단계로 구성되었습니다.

1. 복음소개—비전 품기—전도과정(1권)
2. 일대일 양육—토양 가꾸기—기초과정(2권)
3. 말씀양육—뼈대와 성장과 열매 맺기—양육과정(3-6권)
4. 영성훈련—거름 주기—영성과정(7권)

소그룹에서 행해지는 각과 성경공부 과정은 크게 다섯 단계를 염두에 두고 구성되었습니다.

• 도입–마음 열기

1단계—솔직하고 겸손한 마음을 가지라

• 말씀의 살핌–말씀을 듣고 받기: 관찰

2단계—말씀을 들으라

3단계—나의 말씀으로 받으라

• 말씀의 깨달음–말씀을 깨닫기: 해석

4단계—말씀의 의미를 깨달으라

• 말씀의 적용–말씀을 적용하기: 적용

5단계—깨달은 말씀을 적용하라

• 실천을 위한 묵상–실천과 결단하기: 실천

6단계—적용된 말씀을 삶에서 실천하라

인내하며 나아가면 때가 되면 30배, 60배, 100배 열매를 맺는다.

"복음과 소개"와 "일대일 양육과정"은 처음 제자훈련을 할 때 시행할 수 있는 일회 과정으로, 연역적 방법으로 구성이 되었습니다. 3권-6권(정착과정-생활과정)은 귀납적 이야기대화식으로 본문을 중심으로 해당 주제를 공부하도록 구성되었습니다. 이 과정은 토의식으로 진행하는 것이 좋습니다. 영성훈련은 실제 훈련을 할 수 있도록 지침을 제공한 평생 과정입니다. 상황에 따라 현장에서 적절하게 사용하면 큰 유익이 될 것입니다.

인도자 지침서 사용법

인도자의 유의점

인도자들은 인도자 지침서를 사용할 때 다음의 사항에 꼭 유의해야 합니다.

처음에는 인도자 지침서를 보지 않고 교재의 질문을 고민하고 나름대로 답을 해보는 것이 중요합니다. 인도자 지침서에 제시된 내용은 질문에 대해서 많은 생각을 하기 위한 동기 부여의 역할을 합니다. 지침서를 통하여 정확한 답을 찾아내는 것은 바람직하지 않습니다. 가능한 한 질문을 통하여 많은 생각을 하고 나름대로 답을 해본 후에 마지막으로 지침서를 보면서 정리하는 방법을 추천합니다.

스스로 능력을 키우는 것이 중요합니다. 이것은 인도할 때도 마찬가지고, 학생들도 인도자의 답을 기대하기보다는 스스로 답을 찾아가는 것이 중요합니다.

성경본문을 잘 살펴보면 그 안에 대부분 답이 나와 있습니다. 그리고 답은 다양하게 제시될 수 있기에 어느 하나를 정확한 답이라고 보기는 어렵습니다. 사람에 따라 다양하게 그 나름대로 이해될 수 있는 답을 찾아가는 것이 필요합니다. 그리고 억지로 답을 찾지 말고 자연스럽게 이해되는 대로 점차 확장해 나가야 합니다.

인도자 지침서가 오히려 생각을 하는 데 걸림돌이 될 수도 있음을 유의하고 지혜롭게 사용해야 합니다. 인도자 지침서는 참고자료로 사용하되, 너무 의지하는 것은 조심해야 합니다. 그렇지 않으면 자칫 성경공부가 답달기가 되면서 점점 흥미가 떨어질 수 있습니다.

성경공부는 지식의 탐구나 습득이 아니라 말씀을 통해 하나님과 만나는 것입니다. 성경에 나오는 사건의 주인공들과 인격적으로 만나는 것이기에 말씀 속에 일어난 사건과 인물들과 동일시하는 작업이 필요합니다. 2000년 전의 사건이 오늘 우리 속에서 재현되는 것에 관심을 갖고 성경공부에 임해야 합니다. 때문에 인도자의 역할은 대단히 중요합니다.

인도자는 교사의 의미보다는 교사이신 성령을 만나게 하고 성경본문 속으로 들어가게 하는 가이드 역할을 하는 것임을 명심해야 합니다. 그룹원들이 말씀과 만나는 데 오히려 인도자가 걸림돌이 되어서는 안 됩니다.

1_ 해답집이 아니다

신앙	말씀	성육신	삶
과정	구원	성장	성숙

인도자 지침서는 교사에게 도움을 주기 위한 해설서와 같습니다. 이것은 해답서와는 다릅니다. 답은 다양한 상황에서 여러 가지로 나올 수 있습니다. 여기에 제시한 해설은 성경의 중심 내용을 이해하고 성경이 말하고자 하는 핵심 의미를 드러내는 데 중점을 두었습니다.

저자의 해설 자체가 해답은 아닙니다. 해답을 찾아가는 데 도움을 줄 뿐 모든 답을 만족시켜 주는 것은 결코 아님을 교사들은 인식해야 합니다.

성경본문을 잘 살펴보면 모든 답은 이미 나와 있습니다. 많이 묵상하고 본문을 자세히 살피면 저자의 해설보다도 더 깊은 것을 찾아낼 수 있습니다.

2_ 교사는 사전에 준비하라

교사는 학생용 교재에 나와 있는 성경본문을 많이 읽고 묵상하면서 사전에 자기 나름대로 문제를 풀어 보고 성경의 내용을 이해해야 합니다. 질문을 제시한 것은 답달기식이 아닌 성경 이야기 속에 들어가서 함께 나누기 위한 도구입니다. 그러므로 교재에 제시된 질문을 통하여 성경의 본문을 잘 살피는 것이 우선되어야 합니다.

가능하면 사전에 교사들이 워크숍을 통하여 충분히 토의와 준비를 하면 학생들을 인도하는 데 더욱 효과적입니다. 개인적으로 준비하는 것보다는 그룹 워크숍을 통하여 성경을 공부하면서 자연스럽게 준비하는 것이 좋습니다. 이런 방법은 교사 자신들의 성경 교수 능력을 놀랍게 배양해 주고 소그룹 운영에 활력을 주며 소그룹을 직접 경험하면서 학생들을 인도하는 데 큰 힘이 됩니다.

소그룹을 인도하려면 소그룹을 통해서 배우는 것이 가장 좋은 지름길입니다.

3_ 교재의 특징을 잘 이해하라

"엔크리스토 제자양육성경공부"는 본문 중심 성경공부입니다. 구절을 찾아서 공부하는 연역적 형태의 공부가 아니라 주어진 본문을 탐구하는 귀납적 형태의 성경공부입니다. 관찰－해석－적용 순으로 진행하되 인도자 혼자서 강의나 설교하는 것이 아니라 주어진 질문을 통하여 문제를 탐구하고 성경 속으로 들어가 성경이 의미하는 바를 찾아내는 방법으로 해야 합니다. 그렇게 할 때 큰 효과를 거둘 수 있습니다.

다만 기본적으로 귀납적인 방법을 따르되 이야기대화식 방법을 더하여 함께 인도하면 흥미롭고 재미있습니다. "이야기대화식 성경공부"의 방법을 배우려면 필자가 쓴 『이야기대화식 성경연구』(엔크리스토)를 참조하면 됩니다.

4_ 성경공부 단계 진행 설명

1) 도입

'도입' 은 마음을 여는 단계입니다. 이 단계에는 마음을 여는 글을 중심으로 인도하면 됩니다. 교재에 제시된 자료들을 중심으로 함께 대화를 나누되 정답을 찾아가는 것이 아니라 그냥 편하게 홍미를 가지고 대화를 이끌어 가는 것이 좋습니다. 도입 단계에서 너무 문제에 깊이 들어가면 시간이 길어지면서 본문에 들어가기도 전에 엉뚱한 방향으로 나갈 수 있습니다.

교사는 적당한 선에서 이야기를 끊어 다음 단계로 넘어가야 합니다. 주제에 홍미를 갖는 선에서 마음을 열고 해결점을 성경 본문에서 찾도록 유도하는 것이 좋습니다.

2) 관찰

'관찰' 은 본문을 자세히 살펴보면 답이 나옵니다. 이 책에서는 일반적인 방향을 중심으로 간단하게 정리했습니다. 교사는 이 단계에서 자신이 답을 말하려고 하지 말고 가능한 한 학생들이 본문을 통하여 답을 말하며 문제를 찾아가도록 돕는 것이 좋습니다. 성경구절이 나와 있으므로 그 구절을 읽으면서 자기 말로 풀어서 답을 하도록 합니다.

여기에 제시된 질문 이외에 다른 부분이 보이면 교사가 즉석에서 연결되는 질문을 하면서 본문을 이해하도록 진행해야 합니다. 교재에 나와 있는 질문만 하는 것보다는 부가적인 질문을 미리 생각하여 학생들의 상황에 맞는 질문을 하는 것이 좋습니다. 필자가 제시한 질문은 기본적인 것으로, 나머지는 교사들이 현장에서 만들어 학생들에게 질문해야 재미있는 성경공부가 됩니다.

성경공부 시간은 말씀을 발견하는 시간입니다. 관찰 능력을 키우는 것이 중요합니다. 학생들이 성경을 보고 스스로 문제를 찾아가는 능력을 키우는데 주안점을 두어야 합니다.

조금 틀리게 답한다 해도 학생들에게 계속 성경을 보는 안목을 길러 주어야 합니다. 여기에 성경공부의 핵심이 있습니다. 그러기 위해서는 교사가 사전에 성경본문을 충분히 묵상해야 합니다.

3) 해석

'해석' 은 더 깊은 생각을 하는 시간입니다. 주어진 본문 속에서 더 깊은 의미를 찾아내어 영적 깊이를 더하는 시간입니다. 많은 교사들이 이 부분에서 어려움을 호소합니다. 그래서 이 부분을 필자가 자세하게 설명해 놓았습니다. 그렇다고 필자의 설명이 완벽한 답은 아닙니다. 문제를 깊이 생각하도록 이끌어 주고 방향을 제시해 주는 의미에서 참고하면 되겠습니다. 본문을 잘 읽고 공부하면 답은 이미 나와 있습니다.

모르는 것을 억지로 풀려고 하지 말고 이해되는 대로 성령의 인도하심에 맡기는 것이 중요합니다. 교사는 언제나 사람이 아닌 성령님이심을 생각하여 그분의 조명을 기다리는 것이 필요합니다.

이 시간에는 충분한 대화와 토의와 이야기를 나누면서 하나씩 그 문제를 찾아가고 영적으로 깊이 들어가도록 해야 합니다. 어떤 한 사람의 사상을 전달하거나 설명하는 것이 아니라 본문의 의미를 찾아가며 성경의 저자인 하나님의 마음을 읽고 뜻을 헤아리는 시간입니다.

주님의 마음과 저자의 의도를 파악해 가는 방향으로 진행하면 놀라운 은혜가 소그룹 속에서 일어나게 될 것입니다. 이 단계에는 머리로 이해하려고 하기보다는 마음과 가슴으로 전체를 이해하는 것이 필요합니다. 상상력과 창의력을 계발시키는 단계로, 마음을 열고 영적 세계를 여행하는 마음으로 구성원들이 시간을 나누는 것이 중요합니다.

교사의 생각을 주입하는 방식은 성경공부를 더 어렵고 지루하게 만들 수 있기 때문에 가능하면 성경이 의미하는 바를 찾아가는 과정에서 설명과 도움이 필요합니다. 학생들에게 해석 능력을 키워 주는 것이 교사의 중요한 과제입니다. 성경을 해석하는 능력을 배양하면서 자연스럽게 개인과 미래, 사회, 역사에 대한 성경적인 해석을 이끌어 낼 수 있습니다.

4) 적용

말씀을 삶에 적용하는 단계입니다. 억지로 적용하면 율법적으로 흐르게 됩니다. 이런 적용은 의례적이고 반복적이며 형식적입니다. 그러므로 삶을 변화시키지 못합니다. 효과적인 적용을 하려면 해석 단계에서 깨달음과 은혜가 있어야 합니다. 해석 없는 적용은 위험하고 생동감이 없습니다. 억지 적용이 되고 형식적이 됩니다. 적용을 위해서는 해석의 과정이 아주 중요합니다. 한국 교회 대부분의 성경공부는 해석 없이 관찰에서 적용으로 넘어가는 것이었습니다. 그러다 보니 성경공부가 지루하고 지식 전달식이 되어 삶을 변화시키지 못하는 시간이 되었습니다. 적용은 자연스러워야 합니다. 그렇게 하려면 해석 과정 속에서 나온 적용이 되어야 합니다.

지침서에는 적용 부분의 해설을 제시하지 않았습니다. 해석 과정만 잘 이루어지면 자연스럽게 적용이 되기 때문에 굳이 해설이 필요하지 않습니다. 그리고 상황이 각자 다르므로 그 삶의 자리에 따라 주어진 질문을 통하여 적용의 시간을 가지면 됩니다.

구체적이고 가까운 것과 직접 행할 수 있는 것들을 중심으로 대화를 나누면서 서로 적용하도록 하고, 가능하면 다음 시간에 적용에 대한 피드백을 하면 좋습니다.

5_ 소그룹 성경공부 인도자를 위한 제언

1) 가능하면 소그룹으로 하되 인원은 6~8명 정도가 적당하다

인원이 많으면 자칫 소외되는 사람이 생길 수 있기 때문에 피상적이고 소극적이 되며 활발한 참여가 이루어지지 않습니다. 최대한 그룹의 역동성을 경험하도록 하고 그 가운데 성령의 역사와 말씀을 통한 하나님의 음성을 개별적으로 듣도록 노력합니다.

2) 대상에 따라 다양한 방법을 상황에 맞게 사용하라

방법은 귀납적 방법에 따라 토의식, 대화식, 이야기식을 병행하여 사용할 수 있습니다. 일방적인 교사 중심의 성경공부는 지루함을 더할 수 있고 스스로 성경을 보는 눈이 열리지 않기 때문에 함께 성경을 탐구하면서 스스로 적용하도록 하는 것이 바람직합니다. 우리의 영적 변화가 급작스럽기보다는 점진적으로 이루어지듯이 성경공부 역시 점진적인 변화를 기대해야 합니다. 말씀을 배우면서 점차적으로 변화가 일어나게 됨을 늘 잊지 말고 성급하게 마음먹지 않도록 인내하며 기다려야 합니다.

3) 성경공부의 중심은 교재가 아닌 성경이다

교재는 어디까지나 성경을 배우기 위한 도구일 뿐입니다. 성경을 배우기 위해서 모였다는 사실을 늘 기억하고 언제나 성경이 말하고자 하는 곳으로 들어가야 합니다. 이런 의미에서 교재는 전적으로 안내자입니다. 처음에 들어가는 입구를 제시하고 성경을 읽도록 도와주면서 스스로 성경 안에서 이야기하는 분위기로 만들어야 합니다. 상황에 맞지 않거나 난해한 질문인 경우는 인도자가 적절하게 문제를 바꾸어서 사용할 수도 있습니다. 그리고 즉석에서도 질문을 만들어 사용할 수 있습니다. 너무 교재에 매이게 되면 그 순간에 나타나는 성령의 역동성이 사라질 수 있습니다.

4) 교재에 나온 문제를 풀어 나갈 때는 문제풀이식이나 답달기식을 지양하라

문제풀이식이나 답달기식 성경공부는 지식공부가 되기 쉽습니다. 따분하고 지루해집니다. 그러므로 문제를 대할 때는 언제나 성경의 내용을 새롭게 바라보기 위하여 질문을 제시했음을 잊지 말고 질문을 풀어 나가면서 성경에 어떤 내용이 들어 있는지를 세밀하게 관찰하는 능력을 키워야 합니다. 교재에 나와 있는 질문을 하면서 또 다른 질문을 스스로 만들거나, 그룹이 함께 모여 질문을 하면서 성경공부를 해야 합니다.

5) 결론을 성급하게 내지 말고 자연스럽게 성경의 흐름에 따라가라

언제나 성경공부의 교사는 성령님이심을 잊지 말고 그분께 순종하면서 각자 성령의 음성을 듣도록 해야 합니다. 자연스럽게 전체 그룹이 결론에 이르게 되는 것이 보통이지만 그렇지 않은 경우도 있습니다. 그런 경우는 다음 기회로 넘기면서 숙제로 남겨도 무방합니다. 억지로 문제를 해결하려고 하는 것은 위험합니다. 성경을 공부하면서 몰랐던 문제들이 점차 해결되는 경우가 많기 때문에 잘 안 풀리는 문제는 나중으로 미루어 두는 것도 지혜로운 방법이 될 수 있습니다.

6) 인도자의 의견보다는 참여자들과 성경이 말하는 결론으로 유도하라

인도자가 혼자 대답을 한다든지, 또 그것을 요구하는 것은 결코 바람직하지 않습니다. 인도자는 성경에서 곁길로 새지 않도록 방향을 잘 잡아 주고 다시 본문 안으로 들어오도록 인도하는 역할을 해야 합니다. 그리고 이야기의 내용과 핵심이 주제를 벗어나지 않도록 전체 분위기를 잘 조성해야 하는 책임을 가지고 있습니다. 인도자는 어떤 문제의 답을 해결하는 해결사로 앉아 있는 것이 아님을 알아야 합니다. 그래야만 부담이 적어지고 모두가 동

참하는 성경공부가 됩니다. 인도자가 잘 모를 경우는 그대로 인정하고 다시 문제를 찾아보도록 하는 것이 현명합니다.

구성원을 이끌어 가는 것은 인도자가 아닌 성경 자체임을 늘 기억하여 성경이 구성원과 모임을 이끌어 가는 모습을 꿈꾸어야 합니다. 언제나 성경이 중심이 되어야지 인도자나 어떤 특별한 사람이 모임의 중심이 되고 성경이 변방으로 나가면 안됩니다.

7) 효과적인 성경연구 방법을 미리 터득하라

인도자는 미리 인도자 훈련을 받고 귀납적 성경연구 방법과 대화식 성경공부 방법 등을 잘 연구하며 인도하는 방법도 함께 익히면 더 큰 효과를 얻을 수 있습니다. 충분히 사전 연구를 해야 성경공부를 잘 인도할 수 있습니다. 인도를 실제적으로 해나가다 보면 그때마다 성령의 지혜를 체험하게 됩니다. 언제나 교사는 성령님이심을 믿고 어느 한 사람의 의견도 무시하지 말고 귀를 기울여야 합니다. 그런 사람을 통해서 성령님께서 새로운 깨달음을 주실 수도 있기 때문입니다.

8) 열린 마음과 겸손한 자세로 하라

모두 열려 있는 자세로 임하는 것이 중요합니다. 분위기가 경직되면 은혜가 임하기 어렵습니다. 모두 적극적으로 성경공부에 참여하고 대화와 토의에서 솔직한 자기의 의견을 개진할 때 놀라운 하나님의 은혜를 경험할 수 있습니다. 이렇게 하려면 편안하고 자연스러운 분위기가 되도록 구성원들이 함께 노력해야 합니다.

9) 문제의 해결을 본문 안에서 찾도록 하라

보통 그룹 성경공부는 본문과 상관없는 다른 주제가 거론되어 엉뚱한 방향으로 흘러가서 시간을 소비하는 경우가 많습니다. 그러므로 가능한 한 주어진 본문에 충실하면서 그 안에서 문제의 해결을 찾도록 해야 합니다. 인도자가 적절하게 방향을 잡아 주는 역할을 해야 합니다.

10) 혼자서 토의와 이야기를 독점하지 않는지 늘 유의하라

다른 구성원들의 반응도 살피면서 모두 함께 말할 수 있는 시간을 주어야 합니다. 자칫 자기 자신에게만 집착하여 다른 구성원에게 민감하지 못하는 잘못을 범하지 않도록 조심해야 합니다. 한 번 반론할 때 길게 하기보다는 짧게 2~3분을 넘지 않도록 하고 다른 사람이 말할 수 있는 기회를 주도록 배려해야 합니다.

11) 늘 기도하면서 성경공부에 임하라

성경공부를 인도하는 교사는 성령님이십니다. 그러므로 구성원은 늘 사람에게 대답을 얻으려 하기보다는 본문을 통하여 성령님께서 깨달음을 주시기를 기도해야 합니다. 물론 다른 사람들의 이야기를 듣는 중에 새로운 깨달음이 올 수 있으므로 다른 사람의 말에 늘 경청하는 자세가 필요합니다.

12) 되도록 한 가지 문제에 초점을 맞추라

성경공부를 할 때 여러 가지 주제를 가지고 이야기를 하면 혼란해지기 쉽습니다. 그러면 자연히 지식 위주로 흐를 수 있습니다. 시간이 30분에서 1시간 주어졌다면 자연스럽게 한 두 가지 주제에 집중적으로 토의하며 공부하도록 합니다. 성경공부의 핵심은 많은 성경 지식을 얻기 위함이 아니고 하나라도 정확하게 의미를 깨닫고 생활에 적용하는 것임을 잊지 말아야 합니다.

제자양육 리더를 위한 특강

*본 특강은 신앙성장과 성경적 교회를 이해하는 데 도움을 주는 리더 학습 자료입니다.

건강한 신앙과 유기적 교회성장을 위한 제자양육

교회는 십자가 탑이 우뚝 솟은 건물이 아닙니다. 또한 교회는 단순히 사람들의 모임을 의미하지도 않습니다. 교회는 의견을 제시하고 이익을 창출하는 사회단체와는 근본적으로 다릅니다. 교회는 영원한 생명이신 그리스도를 영접한 사람들이 모인 생명공동체입니다. 이것을 이해하기 위해 성경은 교회를 인간의 몸으로 비유했습니다. 이것은 지금 우리의 교회를 이해하는 데 큰 도움을 줍니다. 앞으로 어떻게 교회를 세워 나가고 성장해 나갈지에 대한 해답을 얻을 수 있습니다. 교회에 대한 이해가 부족하면 어느새 세상의 단체나 조직처럼 교회가 변질되어 버립니다. 역사적으로 교회는 이런 과정을 거쳐 왔습니다. 특히 교회가 거대한 세력이 되고 집단이 되면 교회의 본질을 외면하고 세속적으로 변질되어 결국 교회로서의 생명을 잃게 되었던 것이 역사의 반복된 교훈이었습니다. 이런 면에서 교회는 말씀을 통해 날마다 갱신되어야 합니다. 그렇지 않으면 어느새 교회의 정체성을 상실하고 죽은 교회가 되어 명목상으로만 존재하게 됩니다.

교회 성장과 온전한 제자를 이루는 두 가지 요소

첫째, 보이지 않는 영적인 것 – 내적인 면

몸의 생명을 구성하는 기초단위는 세포(cell)입니다. 세포는 다시 생명체의 기본 구성 단위인 핵과 세포질로 구성되어 있습니다. 우리 몸 안에는 60조나 되는 세포가 있습니다. 실로 어마어마한 숫자입니다. 이런 수많은 세포로 우리들이 구성되어 있습니다. 이 세포가 죽으면 우리는 죽게 됩니다. 그러나 이 세포가 살아 있으면 우리는 살아 있는 생명이 됩니다. 세포는 결국 생명을 의미합니다.

인간의 생명을 구성하는 것은 복음의 말씀입니다. 복음의 말씀이 우리 안에 들어오지 않으면 우리는 이미 죽은 존재입니다. 겉으로는 살아 있으나 영적으로는 죽었고 나중에 주님이 재림하실 때 영원히 죽게 됩니다.

새 생명을 받는 것을 구원이라고 말합니다. 사람이 거듭나고 영생을 얻으려면 영생의 말씀을 받아 마음으로 믿어야 합니다. 예수님만이 유일한 생명이십니다. 예수 그리스도의 복음이 내 안에 들어오면 예수 안에 있는 그 생명이 나를 살립니다. 내 영혼이 살아나게 됩니다. 예수 생명이 나에게 들어와 나의 모든 삶의 영역에 영향을 주고 생명을 불어넣게 됩니다. 죽은 영에 생기를 불어넣으면 새로운 살아 있는 세포를 통하여 죽을 몸이 살아납니다.

우리 몸에 생기를 불어넣어 주는 세포와 같은 예수 생명이 우리 속에 들어오면 우리는 그 순간 구원을 받고 하나님의 자녀가 됩니다. 생기를 얻으면서 삶의 즐거움과 행복이 찾아오고 죽어도 영원히 사는 축복이 주어집니다. 인간에게 있는 세포는 결국은 노화되고 죽고 소멸되지만, 예수생명의 세포는 영원히 죽지 않고 우리와 함께함으로 영원히 살게 합니다. 세포 안에는 우리가 알 수 없는 신비하고 놀라운 비밀이 들어있듯이 예수님 안에는 인간의 머리로 헤아릴 수 없는 엄청난 비밀이 숨어 있고 능력 또한 인간이 상상할 수 없도록 위대합니다.

예수생명의 세포로 우리 몸을 다시 살려야 합니다. 모든 영역에 예수님의 생명세포가 들어가 새 생명의 역사를 일으켜야 합니다.

세포는 인간의 눈에 보이지 않습니다. 정교한 현미경을 통해서만이 세포를 볼 수 있습니다. 만질 수도 없고 전문가가 아니면 일반적으로 증명하기 어렵습니다. 그러나 우리 몸에 60조의 세포가 있다는 것을 증명하지 못한다 할지라도 우리 안에 세포가 살아 있는 것은 몸을 통해 모두가 느낄 수 있습니다. 마찬가지로 예수생명이 우리 안에 영으로 들어온 것을 내가 증명할 수는 없습니다. 눈으로 볼 수도 만질 수도 없습니다. 그러나 내 안에 예수생명이 들어온 것을 느낄 수 있고 그것을 믿음을 통해 확신할 수는 있습니다.

예수님은 우리가 생명을 얻는 것에 대해서 이렇게 말씀하셨습니다.

"내가 진실로 진실로 너희에게 이르노니 내 말을 듣고 또 나 보내신 이를 믿는 자는 영생을 얻었고 심판에 이르지 아니하나니 사망에서 생명으로 옮겼느니라. 진실로 진실로 너희에게 이르노니 죽은 자들이 하나님의 아들의 음성을 들을 때가 오나니 곧 이때라. 듣는 자는 살아나리라. 아버지께서 자기 속에 생명이 있음 같이 아들에게도 생명을 주어 그 속에 있게 하였고" (요 5:24-26)

1) 핵(DNA) : 복음

핵은 유전정보를 간직하고 있는 유전자의 세포를 구성하는 구조 단백질 및 효소 등의 제조를 조절한다. 또한 염색체(DNA)와 핵소체(RNA), 핵즙, 핵막으로 구성되어 있다.

신앙과 교회의 세포를 이루는 핵심은 복음입니다. 복음은 예수 그리스도를 의미합니다. 그리스도인은 복음이라는 DNA를 가지고 있는 공동체입니다. 교회의 모든 삶은 복음과 관계를 맺어야 합니다. 복음이 빠진 교회는 더 이상 교회로서 가치가 없습니다. 예수 그리스도가 머리되심을 인정하는 교회가 진정한 교회입니다. 성경의 핵심도 예수 그리스도입니다. 성경 어느 곳을 보아도 그 주인공은 예수님이십니다.

2) 세포 : 말씀

세포질은 핵 이외의 모든 세포 성분을 포함하는데, 세포에 따라 그 구조가 다양하다. 세포질은 세포막, 미토콘드리아, 골지체, 내형질, 세망리보좀, 용해소체 등으로 구성된다.

말씀은 생명을 창출하는 신앙의 힘이요 교회의 생명을 이루는 근본입니다. 말씀이 사라지면 교회의 생명은 죽게 됩니다. 교회를 교회되게 하는 것은 진리의 말씀입니다.

진리를 떠난 교회는 타락하고 부패했고 역사 속에서 사라졌습니다. 진리에 기초를 두지 않는 교회는 생명을 상실한 세상의 단체와 비슷한 명목상의 교회입니다. 교회를 살아 있는 교회로 만드는 원동력은 성경입니다.

하나님의 말씀인 성경은 세포질이 여러 형태로 구성되어 있듯이 여러 양식으로 구성되었습니다. 즉 율법서, 역사서, 예언서, 시가서, 서신서 등 입니다. 이것은 각자 나름대로 특징을 가지면서 하나님의 진리를 드러내고 있습니다. 교회를 생명체로 만드는 기본 요소입니다.

교회가 생명력을 가진 살아 있는 세포와 같은 공동체가 되기 위해서는 눈에 보이지 않는 말씀의 영이 교회 속에 자리 잡아 모든 생각과 마음과 태도의 근간을 이루어야 합니다.

교회 공동체는 전적으로 생명의 말씀을 통한 성장과 번식이 이루어져야 합니다. 말씀이 아닌 다른 것을 통한 성장은 암세포를 통한 성장이 됩니다. 이것은 교회의 몸을 파괴하는 세포이므로 조심해야 할 것입니다.

우리 몸의 암세포와 정상세포는 그냥 눈으로 보아서는 구분이 잘 안됩니다. 전문가가 아니면 이것을 사전에 알아낸다는 것은 거의 불가능합니다. 어느 정도 시간이 지나야 암세포의 정체를 알 수 있습니다. 처음에는 정상세포와 같이 보이지만 점차 시간이 지나면서 본색을 드러냅니다. 마치 이단이 처음에 교회에 가만히 들어와 지내다가 점차 자기의 정체를 드러내고 나중에는 완전히 본색을 드러내 교회를 파괴하는 것과 같습니다.

잘못하면 교회 속에서도 이런 암세포가 들어와 놀라운 번식력을 가지고 성장할 수 있습니다. 생명의 말씀이 아닌 다른 것으로 교회를 성장시키고 부흥하게 하는 것을 조심해야 합니다. 물질이나 건물이나 세속적인 가치관이나 유행을 복음으로 포장하여 적용하는 인위적인 성장은 암세포와 같습니다. 이런 교회성장은 자기 교회뿐 아니라 이웃의 다른 교회까지 파멸에 이르게 하고, 하나의 거대한 바위처럼 큰 산을 이루어 자기성을 한없이 확장하고 쌓아갑니다. 다른 사람의 유익을 구하지 않고 자기의 유익을 구하고 자기 욕심에만 매달린 성장은 자칫 암세포와 같은 성장이 될 수 있습니다. 이것은 연못의 모든 작은 개구리를 잡아 먹는 황소개구리와 같이 하나님나라를 파괴하는 주범입니다.

사단은 오늘도 이런 전략으로 교회를 어지럽게 하고 결국 하나님나라 건설을 방해할 것입니다. 이것을 잘 구분해 내지 못하면 모두가 파멸하게 됩니다. 말씀이 아닌 다른 것으로 교회를 성장하게 하는 것들을 찾아내야 합니다.

사도행전에 나타난 교회성장은 한결같이 말씀에 따른 성장이었음을 여러 곳에서 강조하고 있습니다. 베드로의 설교를 듣는 중에 3,000명이 회개를 했습니다. 고넬료 가정이 성령을 받아 방언을 한 것도 베드로의 설교를 들으면서 나타난 현상입니다. 말씀을 잘 받아들이는 사람에게는 성령의 역사가 일어납니다.

"하나님의 말씀이 점점 더 왕성하여 예루살렘에 있는 제자의 수가 더 심히 많아지고 허다한 제사장의 무리도 이 도에 복종하니라."(행 6:7)

"이와 같이 주의 말씀이 힘이 있어 흥왕하여 세력을 얻으니라"(행 19:20)

복음은 곧 하나님의 말씀입니다. 하나님의 말씀은 살아 있고 운동력이 있어서 사람을 변화시키는 능력이 있습니다. 교회를 성장하고 부흥하게 하는 힘이 있습니다.

마지막이 올수록 교회를 진리가 아닌 다른 교훈으로 세우려는 시도가 일어날 것을 성경은 경고하고 있습니다. 말씀보다는 다른 것으로 교회를 유지하려고 하는 흐름을 과감히 거부해야 합니다. 빠르게 성장할 수 있다는 유혹을 이기지 못하면 교회의 미래는 장담 못 합니다.

3) 바이러스 – 죄와 악

한 가지 조심해야 할 것은 세포를 파괴시키는 악한 바이러스입니다. 눈에 보이지 않지만 바이러스는 강력하여 우리의 세포를 죽이고 무능력하게 만드는 역할을 합니다

바이러스는 우리 주위에 무수히 떠다니고 있고 우리 안에는 수많은 바이

러스가 존재합니다. 사람이 바이러스 없는 세상에서 살 수는 없습니다. 언제나 바이러스에 노출이 되어 있습니다. 그런데도 우리가 바이러스에 감염이 안 되는 것은 몸이 건강하기 때문입니다. 그러나 어느 순간 몸이 약해지면 저항력이 떨어져 바이러스가 침투하게 되고 마침내 병이 들게 됩니다.

이 세상은 악이 무수히 존재합니다. 마치 인간이 바이러스가 가득한 세계에서 살아가고 있듯이 우리는 악한 세상 속에서 살아갑니다. 선보다는 악이 더 많이 존재합니다. 그래서 사는 것이 힘들고 무섭습니다. 언제 악의 유혹에 빠질지 모릅니다.

우리 안에도 바이러스와 같은 악한 것이 존재합니다. 눈에 보이지 않지만 우리 마음속에는 우리를 파괴하는 죄악의 바이러스가 내재해 있습니다. 그것이 활동을 못하는 것은 내 안에 성령님이 계시기 때문이고 우리의 믿음 때문입니다. 그러나 어느 순간에 믿음이 떨어지면 순식간에 악한 사람으로 돌변하여 엄청난 일을 저지르기도 합니다. 인간은 누구나 이런 범죄의 가능성이 있습니다

4) 암세포 – 거짓 교훈

암세포는 암을 이루는 세포로 분열 능력이 크며 모양이나 크기가 정상 세포와 다릅니다.

암세포는 다른 세포를 잡아먹는 큰 힘을 소유한 비정상적인 세포입니다. 그 번식능력도 대단하여 한 번 암세포가 진전되면 다른 세포로 전이되면서 모든 세포를 암세포로 만드는 힘을 가지고 있습니다. 우리 몸에서 아주 조심해야 하는 세포입니다

암세포는 다른 세포를 파괴시킵니다. 오직 자기의 유익만 구하는 이기적인 특징을 가지고 있습니다. 암이 한 번 진전되면 그 속도가 빨라 걷잡을 수

없게 됩니다. 암은 우리의 세포를 바위처럼 단단하게 만듭니다.

암은 거짓된 것입니다. 비진리가 교회 안에 들어와 교회를 병들게 하고 성도들을 유혹합니다. 초대교회부터 교회는 언제나 이단과 거짓 교사와 선지자들로 어려움을 당했습니다

이것을 알고 있던 사도들은 성도들을 진리로 가르치는 일에 힘썼습니다. 암을 이기는 길은 몸을 건강하게 만드는 것입니다. 교회를 말씀으로 양육하여 건강하게 만드는 것이 곧 영적 암을 이기는 길입니다. 막는다고 되는 것이 아닙니다. 암이 들어가면 세포가 죽어 돌과 같이 단단하게 됩니다. 마음이 강퍅해집니다. 교회 안에 암과 같은 모습이 작게라도 일어나면 교회 전체가 암으로 죽을 수 있습니다. 속임수와 거짓으로 위장한 선한 행동이나 봉사나 구제들을 조심해야 합니다.

암은 너무 교묘하여 처음에는 알지 못하고 한참 지난 후에야 발견됩니다. 초대교회의 아나니아와 삽비라 같은 사람이 대표적인 예입니다. 그럴듯한 선행으로 위장하고 속임수와 거짓으로 들어와 교회를 해칠 수 있음을 미리 알고 성령께서 베드로를 통하여 그들을 즉시 죽게 했습니다. 그것은 암이 더 이상 교회에 전이되지 않게 하기 위한 하나님의 수술작업이었습니다.

마지막이 올수록 이런 거짓된 교리와 교훈과 허탄한 이야기로 교회를 흔드는 일이 많아집니다. 바울은 이것을 늘 염두에 두고 교회사역을 했습니다. 이것은 그의 영적 아들인 디모데에게 유언으로 전해진 마지막 부탁이기도 했습니다. 그만큼 교회 사역자는 교회의 암적인 것을 제거하는 능력을 소유해야 합니다. 그러기 위해서는 성도들을 오직 진리인 말씀으로 양육하여 성도를 온전하게 하는 길밖에 없습니다.

둘째, 보이는 육적인 것 – 외적인 면

1. 머리를 중심한 유기적 조직

몸의 조직은 크게 심장과 혈관 기관, 두뇌와 신경계 기관, 뼈와 근육 기관, 소화기관, 감각기관 등으로 나눕니다. 각 몸의 조직은 유기적으로 연결되어 있고 상호보완적입니다. 어느 한 부분의 조직만으로는 몸을 유지할 수 없습니다. 각 조직은 자기의 역할과 기능이 있습니다. 한 조직이 모든 것을 감당할 수 없습니다. 다양한 조직이 서로 협력하고 보완하면서 건강한 몸을 유지합니다.

교회의 조직도 몸처럼 유기적인 생명 조직입니다. 서로 분리적이지 않고 긴밀하게 연결된 한 몸 조직입니다. 몸의 한 조직이 죽으면 다른 조직도 서서히 죽게 되고 나중에는 몸 전체가 죽음을 맞이하듯이 교회의 조직도 이와 같습니다.

머리와 신경의 조직은 몸에서 가장 중요합니다. 머리 부분은 모든 것을 판단하고 결정하고 통제하는 주조정실과도 같은 곳입니다. 성경은 머리를 그리스도라고 말합니다. 교회의 머리는 그리스도입니다. 그 머리되신 그리스도를 중심으로 각 조직이 구성되었습니다. 모든 조직은 그리스도 중심으로 움직입니다. 그리스도의 생각과 마음을 가지지 않는 조직은 머리와 분리된 것으로 병든 것이요, 죽은 것입니다. 교회의 모든 조직은 그리스도의 생각과 마음에 따라 움직이고 활동해야 합니다. 교회의 머리는 오직 예수 그리스도입니다. 누구도 그 머리를 대신하지 못합니다.

교회의 모든 조직은 그리스도를 아는 지식으로 가득 차야 합니다. 그리스도의 지시에 따라 움직여야 합니다.

2. 다섯 가지 기능적 조직

교회의 조직은 기능적으로 볼 때 5개의 조직을 가지고 있습니다. 이것은 초대교회부터 내려온 것으로 성경이 말하고 있는 교회 조직입니다. 물론 이것을 다시 나이와 믿음의 정도에 따라, 직분에 따라 다시 나눌 수 있습니다. 그러나 이런 조직은 편의상이지 그것이 중심이 되면 안됩니다. 대체적으로 나이, 성별, 취미, 직분, 지역별로 나누는 조직은 영적 조직이라기보다는 육신적인 관점에서 본 일시적인 조직으로 이해하는 것이 옳습니다. 왜냐하면 그리스도의 몸된 공동체 속에서는 모두가 하나님의 자녀이기 때문입니다. 세상적인 기준으로 조직이 구성되면 세상 단체와 비슷해지기 때문입니다. 오히려 세대가 단절되고 빈부와 나이의 차이로 교회가 세상 모임처럼 될 수 있습니다. 편의상 일시적으로 이런 조직 구성이 될 수 있지만 그것이 중심이 되면 안됩니다. 그렇게 되면 게바파, 아볼로파와 같은 파당과 분열이 생길 수 있습니다.

교회가 가지고 있는 5개의 기능적인 조직은 모두가 함께 연결되어 있습니다. 어느 한쪽으로 치우치기보다는 5개가 균형 있게 이루어져야 합니다. 그렇게 될 때 건강한 교회가 될 수 있습니다. 교회는 5개의 기능을 잘 감당해야 합니다.

몸된 공동체가 이것을 균형 있게 이루듯이 각 개인들도 다섯 가지를 균형 있게 이루는 신앙으로 자라가야 합니다. 개인과 공동체는 결국은 하나이기에 같은 조직으로 구성되어야 합니다. 성도들이 다섯 가지를 모두 경험할 수 있도록 훈련하는 것이 필요합니다. 다음과 같은 것이 균형 있게 이루어지지 않는다면 그것은 건강한 교회라고 볼 수 없습니다.

1) 예배공동체(레이투르기아)

2) 양육공동체(디다케)

3) 교제공동체(코이노니아)

4) 봉사공동체(디아코니아)

5) 선교공동체(케리그마)

3. 한 몸 공동체

교회공동체는 전체의 몸을 경험하는 통합공동체입니다. 우리는 이것을 교회라고 말합니다. 개인도 작은 의미에서 교회의 모습을 지니고 있지만 진정한 의미에서는 전체 공동체를 교회라고 말할 수 있습니다. 전체 성도들이 모인 공동체가 한 몸을 느낄 때 우리는 이것을 주님의 몸된 공동체라고 말합니다. 몸된 교회에 속한 전체 지체들이 함께 모여 그리스도 안에서 하나됨을 경험하고 예배하면서 교제하고 섬기는 공동체를 말합니다. 전체를 보지 못하면 스스로 교만에 빠질 수 있습니다.

하나님의 백성으로서 교회를 경험하는 한 몸 공동체는 하나님나라를 꿈꾸는 자리이기도 합니다. 모두가 그리스도 안에서 예배와 교제와 봉사와 말씀을 통하여 모이는 공동체를 경험하게 됩니다. 그리고 섬김과 나눔과 전도와 선교를 통하여 열방을 향해 흩어지는 공동체의 모습을 실천하게 됩니다.

교회의 궁극적인 목표는 그리스도 안에서 모든 것을 통일하는 것이요, 하나되게 하는 것입니다. 하나되게 하신 것을 지키는 일에 교회가 앞장서야 합니다. 교회가 먼저 모여서 하나됨을 경험하고 세상 속에서 또 이웃 형제 교회 속에서 교회가 이 일을 감당해야 합니다. 이방인과 유대인과 헬라인과 로마인이 그리스도 안에서 하나가 되고, 이방인 교회와 예루살렘 교회가 하나되기를 원했던 바울의 모습처럼 한 몸 공동체를 통하여 이것을 꿈꾸어야 합니다. 한 몸 공동체 모임을 통하여 우리는 초대교회가 이루었던 한 뜻과 한 마음을 이루어야 합니다(행4:32).

오순절 날에 한 곳에 모였던 120명이 한 날에 모두가 성령충만함을 받았듯이 예배 중에 모두가 성령충만함을 받는 일이 우리 교회에서도 일어나기를 소원해야 합니다. 한 사람도 빠짐없이 한 마음과 한 뜻이 되는 것은 어려운 일입니다. 그러나 성령의 역사로 서로 하나됨을 이룬다면 이보다 아름다운 일은 없을 것입니다. 얼마나 많은 인원이 모여 예배를 드리느냐가 중요한 것이 아닙니다. 모인 사람이 얼마나 하나가 되어 다 같이 은혜를 받고 성령의 충만함을 받느냐가 중요합니다. 모인 3,000명이 다같이 세례를 받는 일은 쉽지 않습니다. 이것은 한 몸된 공동체를 보여주는 모습이라고 할 수 있습니다.

왜 교회에 모입니까? 하나됨을 경험하기 위해서입니다. 더욱 많이 모여 하나됨을 이루면 이보다 놀라운 기적은 없습니다. 우리는 하나라는 것을 경험하기 위하여 한 자리에 모인 것입니다. 우리는 모두가 하나님의 한 백성이요 천국 백성이라는 것을 서로 확인하기 위해서입니다.

함께 모이는 것은 개인의 유익을 위한 것이 아닙니다. 한 몸을 느끼기 위해서입니다.

4. 소공동체

사도행전 2:46의 집에서 떡을 떼며 순전한 마음으로 음식을 먹는 모임을 우리는 소그룹으로 이해합니다. 초대교회의 소그룹은 우리가 보통 생각하는 취미나 다른 목적을 위해 모인 작은 그룹이 아닌, 집에서 모여 함께 떡을 떼며 그리스도 안에서 한 몸된 공동체를 경험하는 작은 공동체로서 모이는 모임이었다고 보는 편이 더 성경에 가깝습니다. 세상의 그룹과 구별되는 의미로서 그룹이라는 말보다 소(기초)공동체라고 말하는 것이 그 의미를 새기는 데 유익합니다.

가정에서 모일 수 있는 인원은 작은 인원일 것입니다. 12명 내외로 모이는 작은 공동체는 서로의 인격이 만나는 곳입니다. 주님의 몸된 지체로서의 의미를 확인하고 경험하게 하는 교회의 기초 조직입니다.

작은 모임이 살아야 큰 공동체 모임도 건강해집니다. 가정이 건강해야 교회가 건강해지듯이 작은 모임 속에서 교회를 경험하고 지체됨을 나눌 때 진정한 몸된 교회를 배울 수 있습니다.

이렇게 작은 모임을 통해서 이룬 몸된 공동체 경험이 다시 큰 모임을 통해서 확인된다면 이보다 놀라운 일은 없겠지요? 소공동체의 모델은 예수님이 12명의 작은 모임을 통하여 서로 지체됨을 인식하고 삶을 나눈 데서도 확인이 됩니다. 제자들은 예수님과 친밀한 관계에서 양육과 전도와 하나님나라에 대한 비전을 훈련받아 주님을 닮은 사도들이 되었습니다. 소공동체 모임은 생활 속에서 늘 함께할 수 있는 일상의 모임이기에 대공동체보다 훨씬 개인적인 경험을 갖는 데 유익합니다.

5. 지체(개인)

우리의 몸은 여러 가지 기능적인 조직으로 구성되어 있습니다. 그 조직은 임무를 원활하게 수행하기 위해 작은 지체들로 구성되어 있습니다. 예를 들면 소화조직에는 위, 식도, 입, 담낭, 장, 직장 등이 있습니다. 감각조직에는 눈, 코, 입, 귀, 손, 발, 피부 등이 있습니다. 운동조직에는 뼈, 근육, 관절 등의 지체가 있습니다. 이러한 작은 지체들이 움직이지 않으면 몸의 조직은 살아나지 못하고 병들게 됩니다. 각 조직기관의 지체들이 활발하게 움직여 주어야 조직이 살아나게 됩니다.

성경은 한 사람의 중요성을 강조합니다. 작은 모임과 큰 모임을 이루는 교회도 결국 한 사람에 의해서 이루어집니다. 한 사람이 가장 소중한 원리입니다. 한 사람의 가치를 잃어버리면 교회의 본질을 잃어버리는 것과 같습니다. 한 생명을 소중하게 여기지 못하는 공동체는 더 이상 살아 있는 공동체라고 볼 수 없습니다. 교회는 조직이 움직인다기보다 사람이 움직인다고 보는 편이 바람직합니다. 한 생명이 없으면 모든 것은 무의미합니다. 모든 시작은 한 영혼이기 때문입니다. 교회가 성장하고 부흥하면서 한 영혼에 대한 가치를 잃어버리는 예가 많이 있습니다.

공동체가 거대할수록 조직이 움직이고 한 개인의 소중함은 무시되기 쉽습니다. 이미 생명을 점차 잃어가고 있다고 보면 됩니다. 작은 지체일수록 귀하게 보고 소중하게 대해야 합니다.

초대교회는 큰 공동체 모임과 작은 공동체 모임이 있었지만 또 하나 유의해야 할 것은 각 사람이 가치를 지녔다는 것입니다. 한 사람에 대해 소홀하지 않았습니다.

오순절 성령강림 사건 때도 성령이 모인 무리들에게 임했습니다. 더 구체적으로 말하면 각 사람 위에 성령이 불의 혀같이 임했습니다. 한 사람도 제외됨이 없이 모든 사람이 성령을 받았습니다. 만약 모인 사람들 중에 몇 사람은 성령강림이 없었다면 어떻게 되었을까요?

초대교회는 모든 사람에게, 다시 말하면 각 사람에게 성령이 임했습니다. 한 사람도 소외됨이 없었다는 것을 말합니다. 각 사람에 대한 것은 계속 강조되고 있습니다.

초대교회 공동체의 모습은 다 함께 모였지만 각 사람의 필요를 따라 나누어 주는 것입니다(행 2:45). 한 사람의 가치를 잃어버리지 않았습니다. 예수님은 제자 한 사람 한 사람을 대하면서 관심을 가지고 훈련하셨습니다. 빌립, 베드로, 도마 등 개인적으로 질문하고 믿음을 가르쳤습니다. 예수님은 잃어버린 한 영혼을 찾으러 여리고에 있는 삭개오에게 다가가셨습니다. 잃은 양 한 마리를 찾기 위해 나간 목자의 비유는 그것을 분명하게 가르쳐 주고 있습니다. 바울은 전도여행 때 교회를 세우면서 각 사람을 가르치는 일에 힘썼습니다. 골로새서 1:28에 보면 바울이 반복하여 강조하는 단어가 "각 사람" 입니다.

"우리가 그를 전파하여 각 사람을 권하고 모든 지혜로 각 사람을 가르침은 각 사람을 그리스도의 완전한 자로 세우려 함이니."

제자양육은 한 사람에서 시작해야 합니다. 한 사람이 소중합니다. 교회가 이것을 잃어버리면 안됩니다. 교회는 한 사람에 의해 복음의 역사는 일어났습니다. 한 사람이 잘못됨으로 인류에게 죄가 들어왔고 한 사람의 의인으로 모든 사람이 구원을 입었습니다. 교회가 폭발적으로 성장해도 그 안에 속한 내가 성장하지 못하고 어린아이로 있으면 아무것도 아닙니다. 모든 사람이 다 구원을 받아도 나 혼자 구원받지 못한다면 그 많은 사람이 구원받는 것이 나와 무슨 상관이 있겠습니까?

개인, 각 사람은 중요합니다. 성경은 각 사람을 몸의 지체라고 말합니다. 손과 발, 입, 코, 귀 등의 지체가 각 사람에 해당됩니다. 교회는 개인적인 양육이 일어나야 합니다.

이런 일에 소중함을 느끼는 일대일 양육은 중요한 과정입니다. 소모임은 이런 일대일 양육이 전제되어야 합니다. 그렇게 될 때 소모임이 활발하게 발전할 수 있고 자기의 기능을 다할 수 있습니다. 한 사람의 잘 훈련된 리더가 소모임을 건강하게 하며 잘 양육되게 합니다. 어쩌면 잘 훈련된 한 사람의 리더가 얼마나 있느냐에 따라 교회의 성장과 건강성은 결정됩니다.

바울이 훈련한 디모데와 아굴라와 브리스길라, 루디아, 에바브로디도, 디도와 같은 사람이 초대교회를 부흥하게 한 요인이었습니다. 바울은 한 사람을 훈련하는 일에 온 힘을 쏟았고 마지막 죽음의 순간까지 디모데후서를 통하여 디모데 한 사람을 양육하는 일에 목숨을 걸었습니다.

엔크리스토 제자양육 시스템 도표

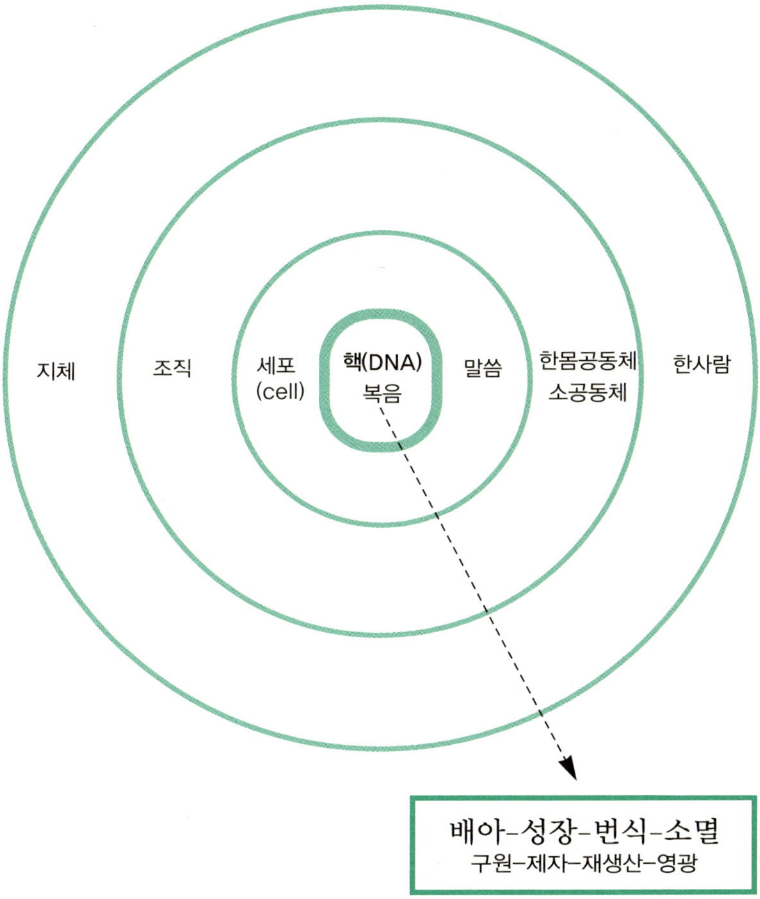

엔크리스토 제자양육성경공부

인도자지침서

1 전도과정

복음 소개

01 인생의 보물, 그것을 찾아라!

행복찾기

설문을 통한 마음 열기입니다. 전도할 때 전도지로 사용해도 좋습니다. 설문 조사 방식은 사람에게 다가가 관계를 형성하게 하는 데 도움을 주기 위해 제시된 자료입니다. 상황에 따라 적절하게 응용하여 사용하면 효과적입니다. 처음 전도에 대한 양육과정에서도 사용할 수 있습니다. 마음을 부담 없이 열게 하는 데 좋습니다. 가능한 사람들이 고민하고 궁금해 하는 것들을 중심으로 질문을 제시했습니다.

설문1 진실 탐험 - 나의 인생에서 가장 중요한 것은?

인생을 살면서 중요하게 생각하는 것을 스스로 찾아보도록 했습니다. 왜 그런지 그 이유도 함께 이야기를 나누어 보면서 자연스럽게 마음을 열게 하면 좋을 것입니다.

설문2 인생 점검 - 이런 때 나는 어떤 모습입니까?

현재 나의 상황을 점검하면서 문제점을 스스로 발견하도록 하는 과정입니다. 예를 들면 혼자 조용히 있을 때, 열심히 추구하던 일을 이루었을 때, 일이 뜻대로 되지 않았을 때, 미래에 대해서 생각할 때 등을 가정하여 생각을 말해 보도록 합니다.

설문3 행복지수 - 나는 행복한 사람입니까?

내가 과연 행복한 사람인지를 살펴보도록 합니다. 설문에 답하면서 현재 자신의 모습을 점검하도록 하는 효과가 있습니다.

세 번에 걸친 설문을 통하여 자신을 돌아보게 하고 인생의 행복의 길을 제시합니다. 사람들은 왜 행복해 하지 않는지를 살펴보고 그 해답인 예수 그리스도를 소개합니다. 복음은 곧 행복을 주는 것으로, 누구나 들어야 할 인류 최대의 소식입니다. 누구든지 예수 그리스도에 대한 복음을 들으면 행복해질 수 있습니다. 이런 행복을 내가 갖기 위해서는 어떻게 해야 하는가? 그것에 대해 2과를 통해 자세하게 살펴보도록 합니다.

여기서 누리는 효과는 복음을 사람들에게 소개할 때 자연스러운 방법을 택하는 것에 있습니다. 인생을 스스로 돌아보게 하면서 점차 예수님을 찾아가도록 하는 것입니다. 그동안 우리는 복음을 소개할 때 일방적인 방법을 사용했습니다. 예를 들면 연역적인 방법으로 강요하는 듯한 내용이 많았습니다. 그러다 보니 사람들이 복음에 대해 거부감이 생겨 더 이상 듣지 않는 경향이 많았습니다.

이것을 해결하는 방법으로 사람들의 문제에서 이야기를 시작하는 귀납적 방법을 적용했습니다. 복음 소개의 전도과정은 이런 접근법을 충분히 인지하고 지도자가 사용하면 효과적입니다. 1과~4과가 이런 형태로 구성되어 있습니다.

• 초신자와 불신자는 성경을 아직 모르므로 빈 칸을 채우는 방식을 적용했습니다. 대신 사람의 말로 양육하기보다는 가능한 성경을 중심으로 복음을 배우게 하는 것이 더 효과적이라 생각하여 성경을 찾아보면서 만남을 가지게 했습니다. 이것을 잘 적용하면 큰 효과를 발휘할 수 있습니다. 전도 대상자에게 성경을 선물하고 시작해도 좋습니다. 성경구절을 찾아서 빈 칸을 채우는 방식이므로 누구나 부담없이 성경을 접할 수 있습니다. 핵심적인 내용을 빈 칸으로 만들었으므로 지도자가 빈 칸에 나오는 구절을 중심으로 복음 내용을 소개하면 쉽게 정리가 됩니다.

02 인생진단 인간, 무엇이 문제인가?

복음을 받아들이기 위해서는 인간이 어떤 존재인가를 아는 것이 우선입니다. 2과는 인간의 정체성을 찾는 내용입니다.

1. 원래 인간의 모습 - 하나님의 형상을 닮은 사람

1. 인간의 신분 – 하나님의 대리자

인간은 동물과 다릅니다. 인간은 하나님의 형상을 닮은 하나님의 대리자입니다.

인간은 하나님과 같은 특징을 갖고 있습니다. 물론 인간은 하나님과 완전히 같을 수는 없지만 동물과 차별되는, 하나님 편에 속해 있는 특징을 지니고 있습니다

2. 순종하는 삶 – 하나님을 의존하는 존재

인간은 하나님이 만드신 피조물이기에 전적으로 하나님께 의존할 때 행복합니다.

하나님께 순종하는 사람이 가장 하나님과 좋은 관계를 가진 사람입니다. 이런 면에서 인간은 하나님께 순종하는 존재입니다.

3. 책임지는 존재 – 자유의지를 가진 인간

인간이 하나님께 순종하는 관계라 해서 로봇과 같은 존재는 아닙니다. 하나님은 인간에게 인간 스스로 선택할 수 있는 자유의지를 주셨습니다. 그것은 곧 책임지는 존재라는 것을 말합니다. 자유는 언제나 책임을 동반합니다. 인간이 죄를 지은 것은 이런 자유의지를 잘못 사용했기 때문입니다.

인간은 위의 세 가지를 모두 어겼습니다. 그 결과는 인간은 하나님과 떨어져 살게 되었고 문제가 발생했습니다.

2. 현재 인간의 모습 - 죄값으로 죽음에 이르는 사람

현재 인간의 가장 큰 문제는 죄인이라는 것입니다. 죄는 하나님과 관계가 깨어진 것을 말합니다. 하나님을 떠난 인간은 죄를 지을 수밖에 없습니다. 그리고 그것은 자연히 하나님을 불순종하는 모습으로 나타납니다. 죄를 지은 인간은 그것에 대한 대가를 받았습니다. 고통과 수고와 사망이 찾아왔습니다. 가장 큰 대가는 인간에게 죽음이 찾아온다는 것입니다. 어느 누구도 여기에서 제외될 수 없습니다. 죄를 지은 인간은 결국 사단의 종이 되고 말았습니다. 사단의 유혹을 받아 악한 일을 행하게 됩니다. 사단의 지배에서 벗어나기 위해서는 주인을 바꾸어야 합니다. 그러나 문제는 자기 힘으로는 사단의 영역에서 벗어날 수 없다는 데 있습니다.

현재 이런 인간의 죄악된 모습에서 벗어난 사람은 하나도 없습니다. 불신자에게 이렇게 자연스럽게 접근하면서 설명하면 누구든지 자기가 죄인임을 부인하지 않을 것입니다.

현재의 인간의 모습을 살펴보면 쉽게 이해가 될 것입니다.

결론적으로 인간은 죄인입니다. 여기에서 제외되는 사람은 하나도 없습니다. 이것을 먼저 인식하는 것이 중요합니다. 충분한 대화를 통하여 왜 인간이 죄인인지를 정리하면 쉽게 마음이 열릴 것입니다.

03 예수님, 완전한 해답이다! 문제해결

1. 인간이 생각한 해결책들 - 노력의 한계점

인간은 자신의 죄의 문제를 해결하기 위해 다양한 노력을 합니다. 그러나 그것으로 해결이 되는 것은 아닙니다. 예를 들면 철학, 종교, 선행, 수행으로, 마음과 양심으로 노력을 하지만 그것은 모두 인간이 스스로 행하는 방법입니다. 그것으로는 인간을 구원할 수 없습니다. 인간은 본질적으로 선을 행할 수 있는 능력이 파괴되었기에 선을 행할 수 없습니다.

그럼에도 많은 사람들은 스스로 구원할 수 있다고 말합니다. 그러나 그것은 모두 속임수입니다.

2. 하나님의 구원 계획 - 예수 그리스도

인간은 스스로 자신을 구원할 수 없습니다. 그런 이유로 하나님이 직접 구원의 방법을 제시하셨습니다. 그것은 하나님이 인간을 사랑하는 것입니다. 인간을 구원하기 위해 하나님이 택한 유일한 방법입니다. 죄 없는 자가 인간의 몸을 입고 와서 인간을 대신하여 죽어야 합니다. 다시 말하면 인간이 지은 죄값을 치러야 합니다. 인성과 신성이 모두 합쳐져야 합니다. 이런 모든 조건을 갖춘 인간은 없습니다. 오직 하나님이 제시한 예수님 이외에 다른 길이 없습니다. 하나님 자신이 인간의 몸을 입고 세상에 오셨는데 그분이 예수님이십니다.

인간을 구원하기 위해 하나님은 예수님을 그 해결책으로 제시하셨습니다. 그것은 인간을 대신하여 죽는 길입니다. 그렇게 해야 죄가 사라집니다. 하나님은 공의의 하나님이시기에 죄를 그대로 두고 구원할 수 없습니다.

3. 인간의 선택 - 영접

2000년 전에 오신 예수님은 인간을 구원하기 위한 하나님의 해결책이었습니다. 그것은 완전한 구원입니다. 예수님은 십자가를 통해서 인간의 죄를 대신하여 죽었습니다. 그리고 부활하셔서 하늘에 승천하셨습니다. 그것은 다시 하나님이 되신 것을 의미합니다.

인간이 구원을 받는 길은 인간을 위해 행하신 예수님의 십자가 죽음과 부활을 마음으로 믿으면 됩니다. 물론 믿음을 갖는 것이 쉽지 않습니다. 그러나 하나님이 도와주시면 누구든지 예수님을 구원자로 모실 수 있습니다. 우리는 이것을 영접했다고 말합니다.

예수님을 영접하는 것은 인간의 책임입니다. 아무리 인간을 위해 십자가에 죽으셨다고 해도 인간이 영접하지 않으면 아무 효력이 없습니다. 구원에는 인간의 책임이 필요합니다.

그렇다면 인간은 주님을 어떻게 영접할 수 있는가? 그것은 주님을 마음으로 믿고 주님을 입으로 시인하는 것입니다. 마음은 진심으로 믿는 것을 의미합니다. 입으로 시인하는 것은 사람들 앞에서 확인하는 것입니다.

• 교재에 제시된 영접 기도문을 읽고 그것을 마음으로 받아들이는 시간을 가질 수 있습니다. 진정한 마음으로 받아들여야 합니다. 내용을 읽고 의문 나는 것이 있으면 물어보도록 합니다.

영접은 당장 일어날 수 있습니다. 누구든지 주님을 마음으로 믿고 입으로 시인하면 즉시 구원이 임합니다. 그 순간 우리 안에 주님이 성령으로 들어와 우리를 지배하십니다. 내 안에 주인으로 들어오십니다. 그러면 우리는 구원을 받게 됩니다. 한 번 들어오신 주님은 영원히 나와 같이 합니다. 죽어도 영원히 사는 축복이 주어집니다. 주님이 살면 나도 살게 됩니다. 주님을 영접한 사람은 언제나 하나님이 함께 하십니다. 이것을 믿고 살면 인생이 행복합니다.

이제 선택은 인간에게 달려 있습니다. 영접은 강제적으로, 체면으로 할 것이 아닙니다. 인격적으로 해야 하고, 시간을 두고 할 수 있습니다. 다만 진실로 마음에 받아들이는 것이 중요합니다. 인도자는 의문 나는 것이 있으면 물어보게 하면서 영접하도록 돕는 것이 필요합니다.

04 복음생활 행복한 삶, 이제 시작되었다!

1. 예수님을 영접한 자가 받는 특권 - 구원을 즐기는 삶

예수님을 영접한 사람은 많은 축복을 얻게 됩니다. 이것은 예수님을 통해 주시는 하나님의 선물입니다. 가장 중요한 것은 죄와 사망에서 해방되는 것입니다. 예수님을 영접한 자는 자기가 지은 죄값을 받지 않음으로 사망에 이르지 않게 됩니다. 물론 일시적인 육체적 죽음은 예수를 영접해도 맞이합니다. 그러나 부활로 인하여 다시 영원한 생명을 얻게 됩니다.

이것은 현재와 미래에 주어지는 선물입니다. 예수님을 믿으면 신분이 달라지는데 그것은 하나님의 자녀가 되는 것입니다. 하나님을 아버지라 부르게 되고 양자의 특권을 얻습니다. 이제 하나님이 인생을 책임지게 됩니다. 이런 믿음을 가지면 세상에서도 승리할 수 있습니다.

또 중요한 특권은 기도입니다. 기도는 하나님과 대화를 말합니다. 영적으로 하나님과 대화하게 됨으로 부족한 것은 하나님께 아뢰어 얻게 됩니다. 아무리 힘들어도 그리스도인은 기도할 수 있는 특권이 있음으로 인생을 담대하게 살 수 있습니다. 또 하나님이 영원히 함께

하심으로 세상을 당당하게 걱정 없이 살 수 있습니다. 물론 육신적인 문제로 고난을 당하지만 그것은 일시적입니다. 죄를 지었을 때는 즉시 자백하면 지은 죄를 용서받을 수 있습니다.

2. 구원받은 자가 해야 할 책임 - 구원을 이루는 삶

예수를 믿고 구원받은 사람에게는 하나님이 주시는 축복이 있고 특권이 있습니다.

그리스도인은 구원을 이루는 삶을 살아야 합니다. 그리스도인으로서 세상에서 책임이 있습니다. 특권에는 언제나 책임이 뒤따릅니다. 그리스도인은 하나님과 관계를 좋게 함으로 믿음이 성장해야 할 책임이 있습니다. 좋은 그리스도인이 됨으로서 세상에서 빛과 소금이 되고 영향력을 미쳐야 합니다. 이것은 다른 사람을 전도하는 데 도움을 주고 많은 사람을 구원에 이르게 합니다. 우리 자신만 구원받는 것이 아니라 다른 사람을 구원해야 할 사명이 있습니다. 특히 교회와 세상과의 관계를 좋게 함으로 하나님께 영광을 돌려야 합니다. 이것이 부름에 합당한 삶입니다. 그리고 구원을 이루어 가는 삶입니다.

이것을 위해서는 말씀과 기도에 전심하고 교회생활을 통해 믿음이 점점 자라가야 합니다. 그렇지 않으면 사람들에게 덕이 안 되는 신앙생활을 함으로 하나님의 영광을 가리우게 됩니다. 그리스도인은 천국 가는 것으로만 만족해서는 안됩니다. 자기 사명을 받아서 교회와 세상을 섬기는 일에 더 적극적으로 나서야 할 책임이 있습니다. 이런 일을 통하여 하나님나라가 확장되고 하나님의 뜻이 이 땅에 이루어지게 됩니다.

엔크리스토 제자양육성경공부

인도자지침서

2 기초과정

일대일 양육

제자와 일대일 양육 01

1. 성경에 나오는 일대일 양육

1. 예수님의 일대일 양육

1) 베드로가 예수님을 세 번 부인할 것을 말씀하셨습니다. 예수님은 앞으로 베드로의 삶을 모두 아시고 그에 맞게 가르치고 양육하셨습니다.

2) 예수님은 부활하신 후에 베드로를 찾아와서 베드로가 앞으로 감당해야 할 사명을 말씀하셨습니다. 예수님처럼 십자가를 지는 고난이 예비되어 있음을 말씀하십니다. 미리 준비하려는 의도로 보입니다.

3) 보지 않고 믿는 믿음으로 나아가라고 하십니다. 진정한 믿음은 보지 않고 믿는 믿음입니다. 우리가 예수님을 믿는 것도 보지 않고 믿습니다. 아무도 예수님을 보지 않았음에도 믿습니다. 눈으로 예수님이 죽은 현장을 확인하고 믿으려면 믿는 사람이 없을 것입니다. 그 현장을 우리가 확인할 수 없기 때문입니다. 우리는 오직 말씀으로만

믿습니다. 이것이 좋은 믿음입니다. 도마에게 하신 말씀은 앞으로 제자가 될 우리들에게 좋은 지침이 됩니다. 친절하게 나타나서 도마에게 말씀하시는 예수님의 모습은 우리에게 많은 것을 깨닫게 합니다.

4) 예수님은 잃어버린 한 영혼에 관심을 가지시고 십자가에 죽으러 가는 예루살렘으로의 마지막 여행에서 여리고로 들어가십니다. 그리고 삭개오를 구원하십니다. 예수님이 얼마나 한 사람에게 관심을 갖고 있는지를 볼 수 있는 대목입니다.

2. 바울의 일대일 양육

1) 바울의 제자양육은 오직 예수를 전파하는 일이고, 큰 무리보다는 한 개인에 관심을 가지고 각 사람을 그리스도의 완전한 자로 세우는 데 초점이 있습니다. 한 사람에게 관심을 가지고 양육하는 모습은 오늘 우리가 본받아야 할 모습입니다. 한 사람에게 투자하는 것은 비생산적인 것 같지만 지금까지 역사는 이런 사람을 통해서 이루어졌습니다.

2) 바울의 선교에서 중요한 원리로 삼았던 내용은 전도한 사람을 굳게 세우고 온전하게 만드는 일입니다. 고난과 환란을 겪어야 하는 그리스도인을 격려하기 위해서 말씀으로 세우는 것은 제자양육에 매우 중요합니다.

3) 바울은 무리에게 복음을 전했지만 제자를 삼을 때는 일대일로 했습니다.

① 루디아는 사업을 하는 여자입니다. 바울은 그녀를 제자 삼아서

빌립보 교회를 이끌어 갔습니다. 사람이 교회의 중심입니다.

② 로마서 16장에는 바울의 동역자들이 소개됩니다. 그중에는 바울을 도와준 사람들도 있고 양육된 제자들도 있습니다. 바울은 혼자 사역을 한 것이 아니라 양육된 제자들과 같이 사역했습니다. 하나님 나라는 혼자가 아니라 함께 이루어 가는 사역입니다.

③ 바울의 영적 아들은 디모데입니다. 그리고 디도 역시 그가 세운 제자로서 목회자입니다. 바울은 디모데와 디도와 같은 훌륭한 제자들을 세워서 교회를 목회하게 했습니다. 바울은 늘 사람에게 관심을 가졌음을 봅니다.

일대일 양육을 위한 지침

1. 부모와 같은 심정을 가져야 합니다

—그리스도인이 되는 것은 주님이 십자가에 죽으시는 희생을 통하여 이룬 인류 최고의 사건입니다. 주님의 보혈의 피로 구원을 받았습니다. 해산하는 수고가 있듯이 우리가 구원받는 것은 주님의 고귀한 희생이 있었습니다. 리더는 부모가 자녀를 대하듯이 희생을 감수하고 제자를 양육해야 합니다.

—양육받은 자와 양육하는 사람은 부모와 자녀의 관계와 같습니다. 양육자는 하나님의 마음을 품고 양육받는 사람을 대해야 합니다. 영적 부모와 같은 심정을 가져야 합니다

—양육받은 자들은 갓난아이와 같이 순전하고 신령한 젖을 사모하는 마음이 필요합니다.

신령한 젖은 말씀입니다. 말씀을 통하여 초신자는 자라게 됩니다. 영혼의 양식인 말씀을 잘 공급받아야 합니다.

—양육의 가장 좋은 도구는 말씀입니다. 하나님의 말씀은 영적 양식입니다.

영혼이 자라는 것은 말씀을 통해 이루어집니다.

—바람직한 일대일 양육 방법은 부모가 자녀를 대하듯 해야 합니다. 부모의 마음으로 위로하고 권면해야 합니다.

부모의 마음 중에 가장 중요한 것은 사랑입니다. 사랑이 빠지면 제대로 일대일 양육이 되기 어렵습니다.

2. 사람의 제자가 아닌 그리스도의 제자를 만들어야 합니다

—양육은 사람의 제자를 만드는 것이 아니고 주님의 제자를 만드는 것입니다. 양육자는 양육받는 사람이 그 마음속에 그리스도의 사랑을 알고 그 넓이와 깊이와 높이를 깨닫도록 힘써야 합니다. 주님의 사랑에 불타오르는 것이 중요합니다.

—양육의 목표는 그리스도의 장성한 분량입니다. 그리스도를 닮는 것이 양육의 중요한 목표입니다. 이것을 잃어버리면 형식적인 양육이 될 수 있습니다. 아니면 연륜만 쌓는 교인이 됩니다.

—양육 과정에서 늘 중심이 되어야 하는 것은 그리스도입니다. 그

리스도의 마음과 생각을 닮아 가는 것입니다. 궁극적으로는 그리스도 안에서 완전한 자로 세우는 것입니다. 주님의 사랑을 느끼면서 주님을 닮는 사람을 만드는 것이 양육의 가장 중요한 관심입니다.

3. 하나님의 힘으로 양육해야 합니다

—양육하는 것은 전적으로 하나님이 주시는 힘에 의지해야 합니다 하나님을 아는 일에 힘쓰면서 말씀이 주는 힘으로 양육해야 합니다. 이렇게 보면 양육의 주체는 인간이 아닌 주님이십니다. 양육자는 그저 도구로 사용될 뿐입니다.

—양육자와 양육받는 사람은 모든 것이 하나님이 행하시는 것임을 믿어야 합니다. 시작하신 분도, 마치시는 분도 주님이십니다. 제자양육이 혹시라도 사람의 제자로 양육되면 안됩니다. 늘 이런 점을 유의하여 주님에게 초점을 맞추는 것이 필요합니다. 그래야 어디를 가도 주님의 제자가 될 수 있습니다.

—믿음이 잘 자라기 위해서는 양육받는 사람은 양육하는 사람의 말을 하나님의 말씀으로 받아들여야 합니다. 그렇게 할 때 믿음이 자라고 우리 안에 성령의 역사가 일어납니다. 양육에는 자세가 매우 중요합니다. 그렇지 않으면 믿음이 자라지 않습니다.

4. 양육 방법은 본을 보이고 본을 따라가는 것입니다

—바울의 일대일 양육 방법은 본을 보여주고 제자가 그것을 따르도록 하는 것입니다.

제자훈련은 본을 보여줄 때 가능합니다. 본을 보이는 양육 방법이 가장 강력합니다.

—예수님의 제자양육 방법은 직접 모범을 보여주는 것이었습니다. 주님은 제자들의 발을 씻김으로 제자들에게 서로 섬기는 자세를 가르쳤습니다. 모범을 보여주는 양육 방법은 가장 확실한 교육 방법입니다. 우리의 제자양육도 양육자의 삶을 통해 배우는 것이 필요합니다.

5. 최종적으로는 말씀이 남아야 합니다

모세와 여호수아와 바울은 동일하게 다음 세대를 위해서 제자를 삼는 데 집중했습니다. 모세와 여호수아는 이스라엘 백성을 위해 고별 설교를 했습니다. 바울의 고별 설교도 같은 맥락입니다. 이것은 이들이 모두 다음 세대에 관심을 가졌음을 말합니다.

이것은 예수님에게도 동일하게 적용되는 원리입니다. 왜 말씀을 가르치고 전해야 하는가? 사람은 사라지지만 말씀은 영원하기 때문입니다. 말씀이라는 바통을 자손대대로 이어주는 것이 우리가 해야 할 일입니다.

일대일 제자양육은 이런 일에 중요한 도구가 됩니다. 양육자는 양육받은 사람에게 사람이 남게 하면 안됩니다. 말씀이 그의 마음이 심겨져 그 말씀이 그 사람을 지키고 축복이 되게 해야 합니다.

구원의 확신 02

1. 구원은 전인적인 사건이다

하나님을 사랑하고 주님을 영접하는 것은 전인적이어야 합니다. 하나님을 사랑할 때는 "네 마음을 다하고 목숨을 다하고 뜻을 다하여 주 너의 하나님을 사랑하라"고 했습니다. 이것은 하나님을 지식적으로만, 혹은 입으로만 사랑하는 것이 아니라 인격적으로 사랑하는 것을 의미합니다. 그렇게 할 때 진정한 만남이 됩니다. 이것은 주님을 영접할 때도 똑같이 적용됩니다.

예수님을 영접하는 것은 우리가 마음으로 주님을 받아들일 때 일어납니다. 우리가 마음의 문을 열고 주님을 초대하지 않으면 주님은 억지로 우리 안에 들어오지 않습니다. 예수님의 영접은 인격적인 영접입니다. 믿음은 강제로 되는 것이 아닙니다.

주님은 우리 안에 거하십니다. 그리고 영원히 함께 하십니다. 그러므로 예수님을 영접하는 것은 진심으로 하는 것과 마음으로 하는 것이 중요합니다.

주님을 믿기 위해서는 마음과 입이 모두 작용해야 합니다. 마음은 곧 입으로 나타납니다. 보이는 것과 보이지 않는 것이 일치되어야 진심입니다. 이 중 어느 하나만 부족해도 아직 인격적인 것이 되지 못한 것입니다. 두 가지가 일치될 때 삶의 변화가 일어납니다.

삭개오가 변화된 것은 바로 이런 인격적인 만남이 있었기에 가능했습니다. 삭개오의 변화가 억지로 이루어진 것이 아니라 자발적으로 일어난 것은 이것을 증명합니다. 우리가 예수를 만나고 변화하는 것이 이런 삭개오의 모습과 같아야 합니다. 이런 삭개오의 변화와 같은 일이 나에게도 일어나려면 예수님과의 진정한 만남이 필요합니다. 초대교회도 이런 믿음이었기에 삶의 모습이 세상 사람들과 달랐습니다. 여기서 자연스러운 교회성장의 모습을 볼 수 있습니다.

2. 구원받은 것을 확증하는 방법

구원받았는지 안 받았는지 혼동될 때가 있습니다. 내가 하나님의 자녀인 것을 확신한다면 삶이 달라질 것입니다. 그럼에도 실제 구원받은 것이 흔들릴 때가 많습니다. 그 이유는 잘못된 근거를 가지고 있기 때문입니다. 구원의 확신에 대한 기초가 부족해서입니다

구원은 인간이 이룬 것이 아니라 하나님이 주도적으로 우리에게 주신 선물입니다. 그러므로 구원에 대한 확신은 나의 행위나 감정에 의존하는 것이 아닌 말씀과 성령의 역사에 근거해야 합니다. 주님이 나를 위해 십자가에 죽으신 그 사건이 나를 구원하는 것입니다.

첫 번째, 외적인 증거는 하나님의 말씀입니다. 그것이 믿어지면 우리는 구원을 받은 것입니다. 눈으로 볼 수 있는 역사적이고 객관적인 근거에 의한 것입니다.

두 번째, 내적인 증거입니다. 이것은 눈에 안 보이는 것입니다. 구

원은 내 힘으로 되는 것이 아니고 내 안에 성령이 오셔서 나를 감동시켜야 합니다. 하나님의 영으로 인도함을 받은 사람이 하나님의 아들입니다. 그렇게 되면 주님을 아버지라 부르게 됩니다. 내 힘으로 주님을 아버지라 부르는 것이 아니라 내 안에 계신 성령의 역사로 일어난 것입니다.

세 번째, 구원을 받으면 삶의 변화가 일어납니다. 평화로운 마음이 생기고 즐거워하게 됩니다. 환란 중에서도 참게 되고 소망을 품고 모든 어려움을 이기는 힘이 생깁니다. 이런 일은 내 힘으로 이룰 수 없습니다. 오직 성령의 도우심으로만 가능한 일입니다.

예수님이 내 안에 계시다는 것은 곧 성령님이 나를 통치한다는 것을 의미합니다.

03 구원 이후

1. 나를 괴롭히는 옛 정체를 파악하라

사도 바울이 가진 신앙생활의 고민은, 내가 원하는 것은 행하지 아니하고 도리어 미워하는 것을 행하는 것이었습니다. 내가 원하지 아니하는 것을 행하는 주체는 내가 아니고 죄라고 바울은 말합니다. 바울 안에 있는 선과 악의 대적관계는 바울을 괴롭히는 내용입니다. 이것은 오늘날 우리에게도 동일하게 적용되는 내용입니다.

2. 새로운 나의 정체성을 매 순간 확인하라

그렇다면 새로운 나의 정체성은 무엇입니까? 새로운 삶을 살아가는 그리스도인의 삶의 방향은 무엇입니까? 그것은 성령을 따라 사는 일입니다. 그렇게 되면 육신의 욕심을 따르지 않게 됩니다. 그리스도인은 이제부터 새로운 성품인 성령을 따라 살도록 해야 합니다.

성령의 일을 사모하고 그것에 자기의 모든 것을 맞추어야 합니다.

3. 바뀐 나의 새로운 주인을 바라보라

새 사람은 이제 자기가 누구인지 압니다. 그리스도를 영접한 그리스도인은 세상과 다른 삶을 살게 됩니다. 구원받은 그리스도인은 이제 자기의 몸은 자기 것이 아닌 그리스도의 것임을 믿어야 합니다. 그렇다면 이제부터 내가 살아가는 모습은 누구입니까? 내 안에 계신 그리스도입니다. 내가 사는 것이 아닌 내 안의 그리스도가 사는 것입니다. 이것이 분명하게 정립되지 않으면 여전히 옛사람처럼 자기 중심으로 살게 됩니다. 그리스도인은 철저히 그리스도의 종입니다. 종된 자세로 주님을 아바 아버지라 부르면서 살아야 합니다. 자기가 종이 아닌 주인이라고 생각하는 순간 그리스도인은 타락하게 됩니다. 그리스도는 인격이신 분이므로 우리가 여전히 자기를 주장하면 그냥 참고 기다리며 억지로 자신을 주님으로 주장하지 않습니다. 순종할 때만이 우리가 주님을 주님으로 인정하면서 살게 됩니다. 순종은 자기를 죽이는 것입니다.

이것은 한 번에 일어나지 않지만 계속 훈련하면 가능합니다.

4. 달라진 새 삶을 꿈꾸라

그리스도인은 이제 달라진 자신의 모습을 늘 그리면서 살아야 합니다. 모든 면에서 옛 사람과 다른 삶을 살아야 합니다. 이제 그리스도인은 그리스도와 함께 십자가에 자아가 죽은 존재입니다. 우리의 생명은 우리 안에 있는 것이 아닌 그리스도와 하나님께 감추어져 있습니다.

그러므로 우리의 생명은 그리스도가 나타날 때 드러납니다. 그리스도가 드러나지 않으면 우리의 생명 역시 살아나지 않습니다. 우리가 철저히 그리스도께 순종하고 죽을 때 우리는 그리스도와 함께 살아납니다. 이제부터 모든 결정은 성령의 인도하심에 따라야 합니다. 나의 생각대로 결정하면 안됩니다. 이전에는 내 마음대로 행하고 결정했지만 이제는 주님의 뜻에 순종하며 살아야 합니다.

모든 근원이 주님이시기에 우리의 힘은 오직 주님으로부터 공급받아야 합니다. 세상의 방법이 아닌 하나님의 방법으로 모든 일을 감당해야 합니다. 세상의 물질과 경험과 배경으로 하기보다는 하나님이 인도하시는 힘으로 감당할 때 하나님께 영광을 돌릴 수 있습니다.

이제부터 그리스도인은 자신의 힘으로 사는 것이 아닌 그리스도의 힘으로 살아야 합니다. 그리고 자신의 유익을 구하기보다는 남의 유익을 구하는 삶을 살아야 합니다. 자기 중심이 아닌 타인 중심으로 사는 것이 하나님이 원하시는 삶입니다. 물론 이것이 쉽지 않습니다. 타인 중심의 삶은 자기 힘으로 하려면 어렵지만 하나님이 주시는 은혜로 하면 할 수 있습니다.

그리스도인은 영혼이 구원을 받았지만 그렇다고 육신이 필요 없는 것은 아닙니다. 육신을 악하게 보거나 필요 없는 것으로 생각하면 잘못된 것입니다. 영으로 구원받은 그리스도인은 죄된 육신을 하나님 앞에서 거룩한 성전으로 만드는 일에 힘써야 합니다. 우리의 몸은 하나님으로부터 받은 선물입니다. 따라서 우리 몸을 하나님이 거하시는 성전으로 만들어야 합니다. 이것이 세상 사람과 다른 그리스도인의 삶입니다. 육신적인 쾌락이나 즐거움에 사로잡히면 안됩니다. 오히려 이 몸으로 하나님께 영광 돌리는 삶을 살아야 합니다.

로드십(Lordship) 04

1. 로드십을 꿈꾸라

로드십은 주님이 주도하는 삶을 말합니다. 그리스도인의 삶은 자기가 사는 것이 아닌 주님이 사는 삶입니다. 우리 중에 누구든지 자기를 위하여 사는 자도 없고 자기를 위하여 죽는 자도 없습니다. 우리는 살아도 주를 위하여 살고 죽어도 주를 위하여 살아야 합니다. 왜냐하면 우리의 모든 것은 주님의 것이기 때문입니다. 이것은 하루아침에 되는 것이 아닌 평생을 걸쳐서 행해야 하는 일입니다.

2. 생각과 마음을 드림으로 - 그리스도를 나의 주인으로 인정하라

주님이 주인된 삶을 살기 위해서는 먼저 생각과 마음으로 주님을 인정해야 합니다. 우리의 삶에서 주님은 하나님이십니다. 주님은 눈에 보이지 않는 하나님의 형상입니다. 주님이 없으면 나는 아무것도 없습니다. 그러나 주님이 계시면 나의 모든 것이 존재합니다.

주님에 의하여 나의 삶이 결정됩니다. 얼마나 주님이 나의 생활에서 드러나느냐가 중요합니다. 이것을 위해서는 먼저 마음으로 주님을 영접하고 나의 삶의 주인으로 모셔야 합니다. 그리고 나의 생각과 마음을 주님께 복종해야 합니다.

늘 그리스도의 마음을 품도록 해야 합니다. 그리스도의 마음은 겸손한 마음입니다. 세상의 모든 것을 가지신 분이 가장 낮은 곳에 오셔서 겸손을 보여주셨습니다. 그렇다면 우리는 당연히 예수님의 겸손을 배워야 합니다. 우리의 입으로 주님을 나의 주인으로 고백하면서 살아야 합니다. 물론 마음과 생각과 입이 하나를 이루어야 합니다.

3. 몸을 드림으로 - 그리스도를 나의 주인으로 인정하라

그리스도인은 그리스도가 십자가에 죽으심으로 죄값을 치렀습니다. 그 값으로 우리는 영생을 얻었고 하나님의 자녀가 되었습니다. 구원은 거져 받은 하나님의 은혜이지만 그렇다고 그 은혜가 값싼 것은 아닙니다. 생명을 대가로 지불한 것으로 그 가치는 계산할 수 없는 것입니다.

이렇게 구원받은 그리스도인은 이제 자기의 몸을 하나님의 영광을 위해 사용해야 합니다. 그것이 값을 지불한 것에 대한 보답입니다.

구원받은 그리스도인은 이제 낮에와 같이 단정하며 방탕하거나 술취하지 말고 음란하거나 호색하지 말고 다투거나 시기하지 말고 오직 주님의 모양으로 옷을 입고 정욕을 위하여 살기보다는 하나님을 위하여 살아야 합니다. 이제부터 그리스도인은 당연히 우리의 몸을 하나님께 드리는 자세가 되어야 할 것입니다.

4. 생활을 드림으로 - 그리스도를 나의 주인으로 인정하라

주님을 주인으로 인정하는 사람은 하나님 아래서 겸손하게 살아야 합니다. 그렇게 하면 주님이 우리를 높이실 것입니다. 우리가 가진 염려를 다 주님께 맡기는 자세가 될 때 하나님은 우리에게 복을 주실 것입니다. 얼마나 겸손한가와 내가 주님을 주인으로 받아들이는 것은 비례합니다. 주님을 주인으로 인정한다면 자연히 겸손하게 됩니다.

우리가 주님을 인정하는 것을 알아볼 수 있는 방법은 말로만 주님을 부르는 것보다는 말씀을 듣고 실천하는 삶을 사는 것입니다. 그리스도인의 삶은 모든 것이 하나님의 영광과 관련되어야 합니다. 그렇지 않으면 그것은 주님을 인정하는 사람이라 볼 수 없습니다. 먹든지 마시든지 무엇을 하든지 하나님을 높이는 삶을 살아야 합니다. 모든 삶의 영역에서 주님이 주인되는 삶으로 계획하고 결정해야 합니다. 생활과 연관이 안 되는 것은 아직 주님께 의존하지 않는다는 것을 의미합니다.

5. 나의 주인이 주님이 되기 위해 우리가 해야 할 일은?

하나님의 선한 뜻을 찾고 그것에 따라 자신을 드리는 순종의 삶을 살아야 합니다. 모든 삶이 하나님의 손 아래 있는 것을 인정하고 무엇을 하든지 하나님의 뜻이라면 순종하는 삶을 살아야 합니다. 얼마나 주님께 순종하느냐에 따라 우리의 열매는 결정됩니다. 가지가 나무에 붙어서 전적인 의지와 순종을 할 때 삶의 가지에 열매가 맺히게 됩니다.

6. 주님이 나의 주인이 되게 하는 길은 말씀을 지키고 순종하는 일입니다

하나님이 우리에게 보이게 해 주신 것은 하나님의 말씀입니다. 하나님의 말씀에 순종하면 우리의 영혼이 깨끗해집니다. 거짓이 사라지고 그것은 곧 형제를 사랑하는 모습으로 나타나게 됩니다. 진리는 하나님을 사랑하는 것이고 그것은 곧 이웃을 사랑하는 것으로 이어집니다. 우리가 하나님의 말씀을 지키고 사랑하면 하나님이 우리를 사랑하실 것입니다. 그리고 우리에게 필요한 것을 준비해 주실 것입니다.

정말 하나님을 나의 주인으로 믿는다면 우리의 모든 것을 주님께 맡기는 삶을 살아야 합니다. 아무것도 염려하지 말고 모든 것을 기도와 간구로 하나님에게 맡기면 하나님께서 우리의 생각과 모든 것을 지키고 인도해 주실 것입니다. 삶의 평안이 찾아오고 생각이 지혜롭게 됩니다. 이것은 모든 것을 주님께 맡기는 삶을 살 때 주어지는 하나님의 축복입니다.

성경 05

1. 영혼의 양식 - 성경

사람은 동물과 달라서 영과 육으로 구성되어 있습니다. 떡을 먹고 사는 존재요, 또 하나님의 말씀을 먹고 사는 존재입니다. 이 중 하나라도 빠지면 안됩니다. 떡은 육을 위해서이지만 말씀은 우리의 영혼을 살찌우기 위해서입니다.

영혼의 양식인 성경은 어떤 책일까? 성경은 보통 책과는 다릅니다. 보통 책은 사람의 생각과 사상을 다룬 책입니다. 그러나 성경은 사람이 기록했지만 하나님의 감동으로 쓰여진 것입니다. 하나님의 영을 받고 쓰여졌습니다. 그렇기에 성경을 이해하기 위해서는 기도하면서 하나님의 영의 인도하심을 받아야 합니다.

성경의 중심 인물은 예수 그리스도입니다. 성경을 볼 때 우리는 주인공인 예수님을 생각하면서 읽어야 합니다. 성경 어디서든지 그리스도가 보입니다.

성경을 기록한 목적은 예수를 믿고 그 이름을 통하여 구원을 받게 하기 위함입니다. 우리는 성경을 읽으면서 지식이 아닌 예수 그리스도를 인격적으로 만나야 합니다.

그리스도인이 하나님을 사랑하기 위해서 어떤 방법이 가능할까?

하나님은 우리 눈에 보이지 않습니다. 그렇다면 어떻게 하나님을 사랑할 수 있습니까? 그것은 하나님이 우리에게 주신 말씀을 통해서만 가능합니다. 말씀은 주님의 인격과도 같습니다. 단순히 글이 아닌 영입니다. 말씀에는 하나님의 마음과 생각이 담겨 있고 그것은 곧 인격입니다. 우리가 하나님을 만나는 것은 말씀을 통해서만 가능합니다. 그 말씀을 사랑하는 것은 곧 하나님을 사랑하는 것입니다. 이것이 하나님이 우리에게 성경을 주신 목적입니다. 말씀이 없이 하나님을 사랑하는 것은 진정한 사랑의 방법이 아닙니다.

성경은 하나님이면서 곧 능력입니다. 우리의 생각과 마음과 영혼을 찔러 쪼개는 힘을 가지고 있습니다. 우리의 생각과 마음을 감찰합니다. 성경은 신령한 젖과 같습니다. 말씀을 사랑하면 우리 영혼이 자랍니다. 영혼이 자라기 위해서는 말씀을 날마다 먹어야 합니다. 그리고 말씀은 우리의 인생의 길과 빛의 역할을 합니다. 성경은 하나님의 생각과 마음을 알 수 있는 인생의 나침반과 같습니다. 우리가 말씀을 지키면 주님이 내 안에 거하고 성령이 우리 안에 거하시는 줄을 알게 됩니다. 그리고 축복과 저주를 받는 것도 결국 말씀을 지키느냐에 따라 결정됩니다. 진정한 복은 말씀을 지킬 때 주어집니다. 말씀과 상관없이 주어지는 복은 진정한 복이 아닙니다. 그러나 많은 사람들은 말씀과 상관없는 복을 구합니다. 그것은 잘못된 것이며 그리스도인은 이런 복을 구하면 안됩니다.

2. 성경을 대하는 방법 - 말씀의 손

1) 듣기

믿음은 들음에서 시작됩니다. 얼마나 말씀을 잘 듣느냐에 따라 우리의 믿음이 결정됩니다.

듣기는 가장 쉽게 할 수 있는 방법입니다. 그러나 이것에서부터 믿음이 시작된 다는 것을 알고 열심히 들어야 합니다. 이스라엘의 신앙교육은 듣는데서 시작됩니다. 탁월한 교육은 말씀을 듣는 것입니다. 이것을 실천한 나라가 이스라엘입니다.

사람의 마음은 무엇을 듣느냐에 따라 달라집니다. 좋은 마음을 가질 때 말씀을 잘 듣게 됩니다. 말씀을 듣는 것을 보면 사람의 마음상태가 어떤지 알 수 있습니다.

2) 읽기

하나님의 말씀을 읽는 자에게 하나님의 복이 임합니다. 읽을 때는 소리를 내어 온 마음으로 읽어야 합니다. 그렇게 되면 집중력이 생기고 언어력이 생기게 됩니다. 특히 하나님의 말씀으로 언어를 발달시키면 여러면에서 탁월한 능력을 발휘하게 됩니다.

3) 공부

성경을 공부하는 것은 깊게 연구하는 것입니다. 성경을 공부하는 것은 하나님을 공부하는 것을 말합니다. 하나님의 말씀을 연구하는 것은 하나님을 깊게 알기 위한 것입니다. 성경을 공부하는 것은 은을 구하는 것 이상으로 귀하게 여기면서 연구해야 합니다. 그렇게 하면 지혜가 자연스럽게 주어집니다.

4) 암송

사단의 시험을 이기기 위해서는 말씀으로 무장해야 합니다. 다른 것으로는 사단을 이길 수 없습니다. 진리인 말씀만이 사단의 거짓을 드러나게 합니다. 예수님도 사단의 시험을 말씀으로 이겼습니다. 오늘날 우리들이 죄악에 빠지지 않기 위해서는 하나님의 말씀을 마음에 두어야 합니다. 인간 스스로는 사단의 유혹을 이길 수 없습니다. 말씀이 마음에 가득하면 악한 간계를 이길 수 있습니다. 하나님의 말씀을 우리 속에 풍성히 거하게 하면 그 힘으로 사단의 유혹을 이길 수 있습니다. 이것은 암송을 통해서 이룰 수 있습니다.

5) 묵상

묵상은 하나님의 말씀을 깊이 생각하는 것입니다. 말씀을 묵상하면서 우리는 하나님의 뜻을 더 잘 알 수 있습니다. 오랫동안 밥을 씹으면 단맛이 나는 것처럼 하나님의 말씀의 의미를 깊게 생각하면 큰 은혜를 받게 됩니다. 하나님의 말씀은 생활 속에서 항상 실천해야 하고 주야로 묵상해야 합니다.

주님의 말씀을 묵상하면 좌우로 치우치지 않고 살아가게 됩니다. 그리고 하나님의 마음과 생각을 잘 읽을 수 있습니다. 말씀을 깊이 묵상하면 마음에서 선한 것이 나오게 됩니다. 선함은 마음에 쌓는 대로 나옵니다. 말씀을 묵상하는 일은 마음에 하나님의 말씀을 쌓는 것과 같습니다. 말씀 묵상이 많으면 우리에게서 선한 말이 나오게 됩니다. 그러나 묵상 없이 되는 대로 말하면 악한 말이 나를 감싸게 됩니다.

기도 06

1. 기도의 특권

기도는 하나님과의 대화입니다. 기도는 아무나 할 수 있는 것이 아닌 주님을 믿는 사람만이 가능합니다. 하나님을 아버지라고 부르는 사람에게만 기도할 수 있는 특권이 주어집니다. 예수 이름으로 기도할 수 있는 것은 하나님을 아버지라고 섬기는 사람에게 주어지는 특권입니다. 그리고 예수님 이름으로 구하면 하나님이 그 기도를 들어주십니다.

우리가 어려움이 생길 때마다 하나님 아버지에게 구하고 기도할 수 있다는 것은 대단한 일입니다.

2. 기도의 대상

기도할 때 우리는 기도의 대상을 분명히 알아야 합니다. 기도는 혼자 하는 독백이 아닙니다. 기도는 상호적인 대화입니다. 그렇다면 기도에서 대상은 매우 중요합니다. 우리의 기도 대상은 하나님이십니다. 기도를 하기 위해서는 먼저 기도의 대상인 하나님이 누구인가를 잘 알아야 합니다. 이것을 알려주는 분이 성령님이십니다. 마치 아버지를 잘 모르면 어머니가 알려 주시듯이 성령님께서 우리에게 깨닫게 해 주십니다.

우리가 하나님과 대화를 하기 위해서는 하나님과의 사이에 막혔던 담을 허는 일이 중요합니다.

하나님과 우리 사이의 대화를 막는 장애물은 바로 죄입니다. 죄가 있으면 기도가 안 됩니다. 우리는 감히 주님 앞에 나아가서 기도할 수 없습니다. 죄를 먼저 제거해야 합니다. 이것은 회개를 통해서 가능합니다. 주님 앞에 나아가서 기도할 수 있는 것은 우리 힘으로는 안됩니다. 우리가 담대하게 주님 앞에 나서서 대화를 할 수 있는 것은 십자가 죽음의 은혜 때문입니다. 하나님께 나아가는 길은 오직 예수님을 통해서만 가능합니다. 예수님이 십자가에서 죽음의 피값을 지불했으므로 가능한 일입니다.

3. 기도의 목적

기도하는 것은 우리가 구하는 것을 얻기 위해서입니다. 하나님을 믿는 자는 모든 것을 할 수 있습니다. 우리는 기도를 통해서 모든 것을 이룰 수 있습니다. 하나님은 간절히 구하는 자에게 좋은 것을 주십니다. 예수님 이름으로 구하면 하나님은 우리의 기도에 응답해 주십니다. 기도응답은 주님의 이름의 능력입니다. 아무것도 염려하지 말고 기도와 간구로 우리가 구해야 할 것을 감사함으로 구하면 하나님은 우리에게 하나님의 평강을 주시고 우리의 생각과 마음을 지켜 주실 것입니다. 기도를 하면 우리의 생각과 마음에 평화가 찾아옵니다. 물론 구하는 기도의 목적은 하나님의 영광을 위한 것이어야 합니다. 이것을 위해 기도할 때 하나님은 응답하십니다.

4. 기도의 자세

그렇다면 기도의 자세는 무엇입니까? 기도의 바른 자세는 믿음으로 구하는 것입니다. 조금도 의심하지 말고 하나님을 신뢰하면서 기도하는 일입니다. 두 마음을 품지 말고 오직 한 마음을 갖고 기도할 때 하나님의 응답이 주어집니다.

기도 응답을 받기 위해서는 다음과 같은 사항을 꼭 염두에 두어야 합니다.

—정욕을 위하여 기도하면 안됩니다. 정욕을 위하여 구하면 잘못된 기도가 됩니다. 이런 기도는 응답이 없습니다.

—말씀을 붙잡고 기도하는 일입니다. 말씀이 우리 안에 거하면 무엇이든지 구하는 대로 받을 수 있습니다. 말씀과 일치를 이루는 기도가 중요합니다.

—하나님의 뜻대로 구하는 일입니다. 하나님 뜻과 맞지 않으면 아무리 구하여도 응답받을 수 없습니다.

—낙망치 말고 기도해야 합니다. 어려움이 와도 쉬지 말고 계속 기도해야 합니다.

—믿음을 갖고 기도해야 합니다. 하나님이 기도를 들어주시고, 하나님은 무엇이든지 하실 수 있다는 믿음이 필요합니다. 믿는 만큼 하나님께 받게 됩니다.

5. 모범 기도

주기도문에서 발견되는 기도의 핵심은 하나님나라와 하나님 뜻입니다. 먼저 그 나라와 그의 뜻을 구하는 것입니다. 일용할 양식이 필요한 것도 결국은 하나님의 나라와 의를 구하기 위해서입니다. 주기도문을 근거로 우리의 기도를 훈련해야 합니다. 자기 욕심만 구하는 이방인의 기도가 되면 안됩니다. 주님이 가르쳐 주신 기도를 토대로 훈련을 하면 가장 바람직한 기도를 할 수 있습니다.

6. 기도의 방법

크게 다음과 같은 순서로 기도하면 됩니다.

—찬양

하나님이 누구인가를 아는 것이 필요합니다. 얼마나 하나님을 잘 알고 있느냐가 하나님의 찬양을 결정합니다. 하나님은 우리를 지으신 자입니다. 그리고 오늘날까지 우리를 지키고 있습니다. 이런 하나님을 우리가 안다면 하나님을 찬양하지 않을 수 없습니다

—고백

그 다음 중요한 것은 죄를 고백하는 일입니다. 인간은 죄인이기에

늘 죄를 짓게 됩니다. 날마다 죄를 고백하는 자세가 필요합니다. 주님은 자비로우시기에 우리의 죄를 고백하면 그 죄를 용서해 주십니다. 하나님께 우리 죄를 용서받으면 마음에 평강이 옵니다. 그럴 때 비로소 진정한 기도가 이루어집니다.

—감사

모든 일에 예수 이름으로 감사하고 항상 하나님께 영광을 돌리는 삶을 살아야 합니다. 감사로 시작하고 감사로 마치는 기도가 좋은 기도입니다. 이미 우리는 하나님께로부터 모든 것을 받았습니다. 설사 우리가 무언가 구한다 할지라도 그것은 이미 받은 것에 비하면 아무것도 아닙니다. 이미 받은 은혜를 아는 것이 기도의 우선입니다. 이렇게 하면 기도가 달라질 것입니다.

—중보

기도는 자기만을 위해서 하는 것이 아닙니다. 다른 사람을 위해서 기도해야 합니다.

하나님이 진정 원하는 삶은 다른 사람을 위한 삶입니다. 자기를 위한 삶은 아직 신앙의 성숙을 이루지 못한 삶입니다. 우리의 기도가 적어도 다른 사람을 위하는 방향으로 나아갈 때 성숙된 기도라 볼 수 있습니다. 자기의 유익만을 위한 기도가 된다면 그 기도는 이기적인 욕심이 될 수 있습니다. 하나님은 나뿐 아니라 세상 모든 사람을 창조했다는 사실을 아는 것이 중요합니다.

—간구

우리에게 필요한 것을 간구하는 것입니다. 자신을 위한 것은 나중에 해야 합니다. 생앙생활이 그렇지만 기도도 타자 중심이 되어야 합니다.

간절히 간구하는 내용도 하나님의 나라와 의를 이루는 것이어야 합니다. 내 욕심을 위한 기도는 하나님이 응답해 주지 않습니다.

이렇게 보면 기도 전체가 하나님의 나라와 의를 구하는 것에 초점을 맞추어야 합니다.

교제 07

인간은 관계적인 존재입니다. 하나님과 인간과 자연과 관계를 맺고 살아야 합니다. 이렇게 보면 인간에게 교제는 필수적인 일입니다. 관계가 깨어지면 그것은 죽은 삶입니다.

1. 하나님과 교제 - 예배를 통하여

우리가 하나님과 교제하는 방법은 많이 있는데 그중 하나가 예배입니다.

예배는 하나님 앞에 나아가는 것입니다. 하나님은 하나님을 가까이 하는 자 중에서 자신의 거룩함을 드러냅니다. 그리고 온 백성 앞에서 하나님의 영광을 나타냅니다. 하나님을 간절히 찾는 자를 사랑하시고 그에게 하나님의 은혜를 드러내십니다.

예배를 드릴 때는 신령과 진정으로 드려야 합니다. 왜냐하면 하나님은 영이시기 때문입니다.

눈에 보이지 않는 하나님께 예배하기 위해서는 마음과 중심으로 예배하는 일이 중요합니다. 그렇지 못하면 형식적인 예배가 될 수 있습니다.

우리가 예배하는 하나님은 천지를 만드신 창조주 하나님이십니다. 우리의 모든 것을 지키시고 돌보시는 분이십니다. 그런 하나님을 예배할 때는 찬송을 통하여 영혼으로 드려야 합니다. 이런 예배를 통하여 우리는 하나님만 바라보는 사람으로 변화됩니다. 하나님께 소망을 두면서 살아가는 사람이 됩니다.

우리는 예배를 통하여 하나님이 세상을 다스리시고 통치하시는 것을 확신하게 됩니다. 그럼으로써 예배가 더욱더 감격적인 모습으로 변화될 것입니다.

예배 속에는 하나님의 말씀 선포와 성찬이 행해져야 합니다. 그리고 기도가 있어야 합니다. 이런 것들이 예배 속에 포함된다면 예배는 더욱더 풍성하게 되고 하나님의 임재를 더 깊이 경험하게 될 것입니다.

2. 성도들과 교재 - 교회 생활을 통하여

믿음은 하나님에 대한 것만 있는 것이 아닙니다. 이웃과도 관계가 좋아야 합니다. 이웃과 교제를 통하여 관계를 좋게 할 수 있습니다. 예배를 통하여 하나님께 영광을 드리지만 성도들과 함께 교제를 나눕니다. 교회의 모임에 성도들이 참석하는 이유는 서로 한 몸이기 때문입니다. 교제는 선택이 아닌 필수사항입니다. 교제가 없는 신앙은 죽은 신앙이 됩니다. 신앙은 혼자 성장할 수 없습니다. 지체들과 함께 자라갑니다. 교제를 통하여 하나된 몸을 경험하게 됩니다. 교회가 나의 한 몸임을 깨닫게 됩니다.

우리는 성도의 교제를 통하여 우리가 한 하나님을 섬기고 그를 모시고 사는 공동체임을 알게 됩니다. 모두 그리스도 안에서 한 형제임을 고백한다는 것은 위대한 사랑에 직접 참여한다는 의미가 있습니다.

교제를 함에 있어 중요한 원칙은 자기 분량을 알고 그것에 따라 교제하는 것입니다. 모두가 하나님이 주신 은혜입니다. 성도들은 감사함으로 그 선물을 서로 나누는 데 목표를 두어야 합니다. 몸 안에서 지체들은 서로 봉사합니다. 우리들도 이런 교제를 해야 합니다.

교제를 지탱하게 하는 가장 중요한 원동력은 사랑입니다. 우리는 교제를 통하여 사랑을 배우고 사랑을 얻게 됩니다. 사랑의 힘으로 교제할 때 풍성해집니다. 사랑은 서로 사랑하는 것입니다. 교제는 상호적인 교제가 될 때 진정한 교제라 할 수 있습니다.

특히 교회공동체를 통하여 교제해야 합니다. 서로 권면하며 피차 덕을 세우기를 힘써야 합니다. 자기의 만족을 위한 교제가 되면 안됩니다. 서로에게 유익을 주고 덕을 세우는 교제가 될 때 하나님께 영광이 됩니다. 세상의 교제와 그리스도인의 교제는 차별이 있습니다. 얼마나 몸을 세우는가에 방향이 맞추어져야 합니다.

3. 교제가 필요한 다섯 가지 이유

—영적으로 승리하기 위하여

혼자 신앙생활하면 넘어질 수 있습니다. 넘어져도 누가 일으켜 세워 줄 수 없습니다. 혼자 신앙생활하는 것은 한계가 있습니다.

—하나님의 뜻을 이루기 위하여

두 세 사람이 모여 합하여 기도하고 신앙생활을 하면 하나님의 뜻이 이루어지는 데 효과적입니다. 혼자 기도하는 것보다 함께 기도하면 자기의 만족만 구하는 것이 적어지기 때문입니다.

—하나됨을 위하여

교회는 몸입니다. 하나됨이 몸을 건강하게 만들고 능력을 드러냅니다. 사단은 교회를 분열하게 합니다. 그것을 이길 수 있는 것이 교제입니다. 교제가 잘 이루어져야 사단의 간계를 무찌를 수 있습니다.

—교회의 몸을 세우기 위하여

교제는 교회를 건강하게 만듭니다. 얼마나 교제가 잘 이루어지느냐가 교회의 건강도를 결정합니다.

—신앙의 영적 성장을 위하여

온전한 신앙으로 성장하기 위해서는 공동체를 통하여 함께 성장하는 법을 배워야 합니다. 서로 지체가 되어 교제하면서 서로의 유익을 구하는 법을 터득해야 합니다. 함께 즐거워하고 함께 슬퍼하는 가운데 우리는 서로 지체됨을 느끼고 영적 성장을 이룰 수 있습니다. 영적 성장은 다른 사람에게 얼마나 눈이 돌려지느냐에 따라 결정됩니다. 이렇게 보면 성도의 교제는 영적 성장에서 매우 중요한 부분입니다.

전도 08

1. 우리가 사는 세상

그리스도인은 세상에서 빛과 소금 같은 존재입니다. 이것은 세상 속에서 그리스도인의 사명은 그들을 구원하고 생명을 얻게 하는 데 있음을 말하고 있습니다. 세상은 영적으로 보면 사단에게 사로잡힌 마귀의 자녀들입니다. 그렇게 계속 나가면 결국 죄의 값을 치르고 멸망에 이르게 됩니다. 사단의 지배에서 그들을 건져내야 합니다.

그리스도인은 세상을 바라볼 때 불쌍한 마음을 가지고 바라보아야 합니다. 얼마나 불쌍한 마음이 있느냐에 따라 그들에게 나아가 복음을 전할 수 있습니다. 죽어가는 영혼을 느끼지 못하면 그들을 향한 사랑의 마음도 사라지게 됩니다. 세상을 육적으로 보지 말고 영적으로 바라보면서 그들의 영혼을 인도하도록 해야 합니다.

2. 세상에서 그리스도인의 사명

–예수 믿은 후에 제일 먼저 해야 할 사명은 믿지 않는 사람들을

예수님에게 인도하는 것입니다. 특히 자기 형제들 중에 그런 사람이 없는지 살펴보아야 할 것입니다. 가까운 사람부터 살펴보고 그들을 전도해야 합니다.

—복음을 전하는 일은 단순히 말을 전하는 것 이상입니다. 그것은 하나님과 원수된 세상 사람들을 하나님과 화해시키는 일입니다. 혼자서는 화해를 할 수 없습니다. 누군가가 도와주어야 하는데 그 역할을 그리스도인이 해야 합니다. 그래서 성경은 그리스도인을 화목하게 하는 직책이라고 말합니다. 이 사명을 잘 감당하여 세상 사람들을 하나님과 화해하게 해야 합니다. 화해를 하면 구원이 이루어지지만 그렇지 못하면 진노가 임하게 됩니다. 죄를 지었기 때문에 지옥에 가는 것이라기보다는 화해를 하지 못했기 때문에 멸망에 이르게 되는 것입니다. 인간은 누구나 죄인이기에 죄 자체를 없앨 수 없습니다. 그러나 화해를 통하여 죄를 용서받을 수는 있습니다. 이 일을 도와주는 자가 그리스도인이고, 이것이 곧 전도입니다.

—그리스도인이 세상에 전해야 할 복음은 무엇일까? 그것은 그리스도가 우리를 위해 죽으신 십자가의 사랑입니다. 왜 예수님이 십자가에서 죽으셨는가? 그것을 전하는 것이 복음입니다. 예수님이 십자가에서 죽으신 이유는 나를 구원하기 위해서입니다. 예수께서 나의 죄값을 치렀음으로 나는 죄에서 해방된 것입니다. 누구든지 예수를 영접하지 않으면 자기의 죄값으로 죽게 됩니다. 그러나 그리스도를 믿으면 주님과 함께 죽고 주님과 함께 사는 축복이 임하게 됩니다. 누구든지 그리스도를 믿으면 죄인에서 의인으로 옮기게 됩니다.

—복음을 듣지 않으면 그들은 복음을 알 수 없습니다. 일차적으로 복음을 전해야 합니다. 그리고 듣는 자는 구원이 임하게 됩니다. 물론 듣는다고 모두가 구원받는 것은 아닙니다. 마음으로 믿어야 합니다. 그것은 하나님께 선택된 자에게 임하는 은혜입니다. 누가 하나님의 선택받은 사람인지 알 수 없습니다. 그러나 그가 말씀을 듣고 마음으로 믿고 받아들이는 과정을 통해 그가 선택받은 사람임을 알 수 있습니다. 하나님의 선택받은 자는 한마디 복음만 들어도 바로 주님을 영접하는 일이 생깁니다. 그러므로 그리스도인은 열심히 전파해야 합니다. 누가 들을지는 아무도 모르기에 누구에게든지 복음을 전해야 합니다.

—복음은 그 자체에 능력이 있습니다. 사람을 구원하는 힘이 있습니다. 전도자는 이것을 믿고 전도를 해야 합니다. 복음을 부끄러워하지 말고 담대하게 전해야 합니다. 사람의 말이 구원을 하는 것이 아니라 하나님의 말씀이 구원합니다.

3. 복음을 전하는 세 가지 방법

1) 언어를 통하여

언어는 가장 쉽게 전할 수 있는 전도방법입니다. 입을 열어 복음을 전하면 영혼이 구원을 받게 됩니다. 입술을 복음을 위해 사용한다는 것은 감사한 일입니다. 복음을 전할 때 가장 값진 입이 됩니다.

—언제 전도해야 할까요?

때를 얻든지 못 얻든지 상관없이 전도해야 합니다. 항상 전도해야 합니다

—어디서 해야 합니까?

온 천하에 다니면서 전도해야 합니다. 모든 곳이 전도의 현장입니다.

—누구에게 전도해야 합니까?

천하 만민들입니다.

—어떤 내용을 전해야 합니까?

예수 그리스도, 즉 복음을 전해야 합니다. 순전한 복음을 전해야 합니다. 다른 복음을 전하면 안됩니다.

—어떤 자세로 해야 할까요?

사람들을 기쁘게 하는 것이 아닌 하나님을 기쁘시게 하는 자세로 해야 합니다. 전도는 사람에게 복음을 전하지만 하나님 앞에서 하는 일입니다. 정직하게 진리를 전하는 일입니다.

2) 생활을 통하여

—그리스도인은 말로만 전도해서는 안됩니다. 말로만 전해도 믿는 사람이 있지만 많은 사람들은 그리스도인의 착한 행실을 통하여 하나님께 영광 돌리면서 주님께 나아오게 됩니다. 그리스도인의 삶이 곧 복음입니다. 복음대로 살아가는 것은 가장 좋은 전도의 메시지입니다.

—세상을 구원하기 위해서는 그리스도인의 삶이 중요합니다. 흠이 없고 사람들의 시비가 되지 않는 삶을 살아갈 때 사람들이 복음을 듣고 그리스도를 영접하게 될 가능성이 더 많아집니다. 세상에서 빛된 삶을 살 때 어둠에 속한 세상이 빛을 바라보게 되고 빛을 통해 구원에 이르게 됩니다.

—교회가 세상 사람들에게 칭찬받는 모습을 지닐 때 구원받는 사람들이 날마다 많아지게 됩니다. 그러나 교회가 빛의 모습을 보이지 못하면 세상에서 비난을 받게 되므로 전도가 힘들어집니다. 세상은 영적으로 죽어 있기에 육적인 것을 통해 복음을 볼 수밖에 없습니다. 이런 점에서 삶을 통한 전도는 강퍅한 사람들에게 좋은 방법이 될 수 있습니다.

—간수는 바울과 실라가 옥문이 열렸음에도 도망 가지 않고 남아 있는 모습을 보고 그 앞에 나아와 구원을 받게 해 달라고 했습니다. 당당한 삶이 간수를 감동하게 만들었고 결국 예수를 믿게 하는 요인이 되었습니다. 복음을 가진 자의 모습이 어떠해야 하는지를 보여주는 대목입니다. 세상과 다른 구별된 모습을 지닐 때 세상은 그리스도인을 두려워하게 됩니다.

09 시험

1. 여러 가지 종류의 시험

1) 믿음의 시련

믿음을 단련시키기 위한 시험이 있습니다. 이것은 긍정적인 것으로 하나님이 주시는 시험입니다. 연단이라고 말합니다. 학생이 시험을 통해서 실력을 쌓아가는 것과 같습니다. 하나님은 여러 가지 환경적인 요건으로 연단을 하십니다.

2) 사단의 유혹

이것은 부정적인 것으로 사단이 주는 시험입니다. 악한 유혹들을 통하여 그리스도인을 시험합니다. 이런 것에 미혹되면 안됩니다. 사단은 우는 사자와 같이 삼킬 자를 찾고 있습니다. 미혹의 영으로 다가옵니다. 영적으로 깨어 있지 못하면 잘 분별이 안 되기에 사람들은 쉽게 미혹됩니다. 예를 들면 욕심을 갖게 함으로 스스로 미혹당하게 합니다.

3) 하나님이 직접 테스트

아브라함에게 하신 것처럼 하나님이 직접 시험을 주시는 경우입니다. 이것은 특별한 경우에 해당됩니다.

4) 사단을 통한 시험

사단은 직접적으로 공격하기도 합니다. 예수님과 욥을 공격한 것처럼 우리에게 직접 유혹의 소리를 통하여, 환경을 통하여 시험을 합니다.

• 시험에 대한 그리스도인의 자세는 어떠해야 하는가? 하나님은 감당할 만큼의 시험을 주신다는 사실을 믿고 잘 이겨야 합니다. 하나님이 주시는 시험은 우리를 더 좋게 하는 것입니다. 그러나 사단의 시험은 우리를 더 어렵게 하는 시험입니다. 이것을 잘 구분하여 시험을 이기도록 해야 합니다. 하나님이 주시는 시험은 피할 길이 있습니다. 잘 살펴보면 길이 있습니다. 기도하면서 그 길을 찾는 것이 중요합니다.

2. 사단의 공격 방법

사단은 우리의 모든 면을 공격합니다. 그중 하나는 내적인 부분입니다. 생각과 마음을 미혹하게 하여 우리를 넘어지게 합니다. 내적인 공격이 위험합니다. 이 부분이 무너지면 모두가 무너지기에 특히 조심해야 합니다.

그 다음으로 외적인 부분입니다. 예를 들면 육신과 사람과 환경과 세상을 통한 공격입니다. 육신은 병이나 고난을 통해서 우리를 어렵게 합니다. 그리고 주변 환경이나 사람을 통하여 우리를 힘들게 합니다. 이런 것들도 잘 살펴서 사단의 유혹이 들어있는지를 보아야 합니다. 그러면 넘어지지 않게 됩니다.

3. 사단을 이기는 방법

사단의 공격을 이기기 위해서는 이것이 먼저 영적 전투임을 알고 그것에 대한 준비를 해야 합니다. 특히 눈에 보이는 것에 이끌리면 안됩니다. 영적인 전투는 눈에 안 보이게 다가옵니다. 그러므로 그것을 아는 것은 말씀과 기도를 통해서만이 가능합니다. 하나님의 말씀과 기도로 무장할 때 사단의 공격을 이길 수 있습니다.

사단을 간단하게 이기는 길은 사단을 적으로 알고 대적하는 것입니다. 그러면 사단은 우리를 피해 갑니다. 사단은 대화나 타협의 상대가 아닙니다. 무조건 대적해야 합니다. 사단의 정체성을 알면 자연히 물러가게 되어 있습니다. 영적인 눈을 가지고 사단을 파악하고 그들을 대적하면 더 이상 우리에게 다가서지 않습니다. 사단의 정체를 아는 것이 사단을 물리치는 비결입니다.

우리가 세상을 이기기 위해서는 하나님에 대한 믿음을 확인해야 합니다. 하나님에 대한 믿음이 깊을수록 사단은 우리를 무서워하게 됩니다. 하나님을 얼마나 신뢰하느냐가 사단을 이기는 비결입니다. 이런 면에서 보면 믿음이 중요합니다. 세상을 이기는 것은 믿음입니다.

죄인된 인간은 육신의 생각을 저버릴 수 없습니다. 아무리 육신의 욕심을 이기려고 해도 이길 수 없습니다. 그러면 어떻게 해야 그 욕심을 이길 수 있습니까? 그것은 성령을 따라 행하는 삶을 살 때 가능합니다. 적극적으로 성령을 따라 사는 삶을 살아갈 때 육신의 정욕은 사라지게 됩니다. 하나님을 사랑하고 교회공동체에 참여하면서 열심히 예배하며 기도와 말씀에 충실하면 자연히 육체의 욕심을 따르지 않게 됩니다. 적극적인 방법을 사용하는 것이 최선의 길입니다.

특히 세상의 악에 빠지지 않기 위해서는 악의 길에 서지 않고 그 길에서 벗어나야 합니다. 악한 사람과 같이 있지 말고 선한 사람과 일을 도모하고 그런 사람들과 함께 해야 합니다.

사악한 자의 길을 피하고 그 길을 다니지 않는 것이 최선의 방법입니다.

사단을 이기는 강력한 무기는 말씀과 기도입니다. 말씀을 붙잡고 나가면 사단의 계략을 알 수 있습니다. 그리고 하나님께 순종하면서 기도하면 하나님이 도와주시고 우리가 사단의 세력에 사로잡히지 않게 됩니다. 기도를 통해서 우리를 죽이면 사단은 우리를 넘보지 않게 됩니다. 죽은 자는 사단이 상대하지 않습니다. 그러나 내가 살아 있다면 사단은 나를 미혹하여 자기의 목적에 맞게 사용할 것입니다.

10 성령충만

1. 현재 나의 모습

예수를 믿는 현재 나의 모습은 하나님의 영이 들어와 있는 상태입니다. 하나님의 영이 있는 사람은 육신에 있지 않고 하나님의 영에 있는 상태입니다. 그리스도인은 그리스도의 영을 소유한 사람입니다. 세상 사람에게는 그리스도의 영이 없습니다. 영이 죽은 상태입니다.

그렇다면 이제부터 그리스도인의 삶은 어떻게 살아야 하는가? 그것은 하나님의 영의 인도하심을 받아서 살아야 합니다. 그런 사람을 우리는 그리스도인이라 하고 하나님의 아들이라고 말합니다. 그리스도인은 이제부터 육신의 생각이 아닌 영의 생각을 하면서 살아야 합니다.

성령의 인도하심을 받으면 화평과 즐거움의 삶을 살게 됩니다. 예수님 안에 거하면 즐거운 생활을 살게 됩니다. 성령은 화평과 즐거움과 사랑이기 때문입니다.

그러나 악한 영의 지배를 받으면 불안과 근심과 걱정이 나를 사로잡게 됩니다.

2. 성령 충만을 받으라

그리스도인의 삶은 혼자의 삶이 아닙니다. 그리스도와 함께하는 삶입니다. 내가 사는 것이 아닌 그리스도와 같이 사는 삶입니다. 즉 내가 죽고 그리스도가 나를 대신하여 살아가는 것입니다. 이제는 언제나 주님이 원하시는 것이 무엇인지를 생각하면서 살아야 합니다.

성령충만을 받기 위해서 우리가 해야 할 일은 우리 자신을 하나님께 드리는 것입니다. 다시 말하면 순종입니다. 내가 얼마나 주님께 자신을 드리느냐에 따라 성령충만이 결정됩니다. 성령충만은 순종의 결과로 주어지는 것입니다. 성령충만은 성령의 인도하심에 따라 사는 삶을 말합니다. 성령충만은 철저히 하나님께 자신을 드리면서 순종할 때 주어지는 하나님의 선물입니다. 성령은 인격적인 분이시기에 우리가 순종하지 않으면 우리를 지배하지 않습니다. 내가 성령님께 드리는 만큼 성령도 나를 지배합니다. 이렇게 보면 성령충만은 전적으로 나의 순종 여부에 달려 있습니다.

성령충만은 술 취하는 것과 비교하여 설명할 수 있습니다. 같은 점은 무엇인가가 지배한다는 점입니다. 다른 점은 성령충만은 성령이, 술 취하는 것은 악한 영이 지배하는 것입니다. 술에 취하면 자기는 없고 오직 술이 인간을 이끌어 가고 결국 범죄에 사용됩니다. 사단의 전략에 말려들어 나중에는 패망하게 됩니다. 그러나 성령의 지배를 받으면 사랑과 평화에 사용됩니다. 이것이 성령충만과 술 취하는 것과 다른 점입니다.

3. 성령충만을 받는 길

그리스도인은 죄에 대하여 죽은 자입니다. 십자가와 함께 죽었습니다. 예수님이 십자가에 죽었을 때 우리도 함께 죽었습니다. 그것은 옛 사람이 죽은 것입니다. 지금의 모습은 새 사람입니다. 그러나 육신이 살아 있기에 여전히 옛 사람이 나를 지배하게 됩니다. 그렇다면 자꾸 살아나는 옛 사람을 어떻게 해야 하나요? 옛 사람은 이미 십자가에 죽었다고 생각하면서 날마다 죽는 삶을 살아야 합니다. 그렇지 않으면 새로운 삶을 살 수 없습니다. 육신이 연약하여 죄를 짓게 될 때는 날마다 죄를 고백하며 하나님께 용서를 빌어야 합니다. 그러면 하나님은 자비로우시기에 우리를 용서하시고 구원해 주십니다.

성령충만은 내 힘으로 되는 것이 아닙니다. 성령충만은 하나님의 도우심으로만 가능합니다. 육신을 이기려면 영으로 육신을 지배해야 합니다. 이것을 위해서 구체적으로 기도해야 합니다. 하나님의 충만한 은혜가 우리를 지배하도록 기도해야 합니다. 하나님 사랑의 깊이와 넓이와 높이와 길이가 어떤지 깨닫고 충만함으로 가득 차도록 해야 합니다.

성령충만은 자신을 하나님께 드리는 데서 결정됩니다. 순종에 따라 성령충만은 이루어집니다. 우리 자신을 누구에게 드리느냐에 따라 그가 나를 지배합니다. 나를 성령님께 드리면 성령의 충만을 받게 되고 사단에게 순종하면 사단이 나를 지배하게 됩니다. 우리는 우리의 지체를 의의 병기로 하나님께 드리는 삶을 살아야 합니다. 의의 종이 되면 죄에서 해방을 누릴 수 있습니다. 그러나 나를 하나님께 드리지 않으면 여전히 죄가 나를 지배하게 됩니다. 하나님께 자신을 산제사로 드리면 더 이상 사단은 우리를 주장하지 못하게 될 것입니다.

4. 성령충만을 받으면 나타나는 결과

성령충만을 받으면 어떤 결과가 나타나는가? 가장 중요한 변화는 인격에서 열매가 맺힙니다. 성령의 아홉 가지 열매는 성령충만할 때 주어지는 얼매입니다. 또 하나님의 성품에 참여하게 됩니다. 그러면서 삶의 변화가 일어납니다. 성령에 사로잡히면 성령의 열매와 그리스도의 형상이 우리에게 나타나게 됩니다.

그리고 성령의 은사가 믿음에 분량에 따라 나타나고 그것이 탁월한 능력으로 드러나게 됩니다. 또 성령충만하면 복음의 증인이 됩니다. 나가서 전도하지 말라고 해도 자연스럽게 전도하며 증인의 삶을 살게 됩니다. 복음을 전하는 사람은 모두가 성령충만을 받은 사람들이었습니다

교회 일꾼은 모두 성령충만함을 받았습니다. 바울과 바나바와 스데반 모두 성령충만함을 받아 주의 나라를 사역했습니다. 베드로는 성령충만함으로 한 번 설교로 3,000명을 회개시켰습니다. 그것은 베드로가 한 것이 아니라 베드로와 함께하는 성령님의 역사입니다. 성령충만하면 무엇이든 할 수 있습니다. 하나님이 함께하시면 불가능이 없습니다.

오늘 우리 교회 일꾼들은 이런 초대교회의 믿음을 배워야 합니다.

11 제자

1. 무리인가, 제자인가

하나님은 우리가 무리에서 제자로 나아가기를 원하십니다. 잠시 왔다 가는 인생인데 무리로 살지 말고 제자로 사는 사람이 되어야 합니다. 가장 가치 있는 일에 자신을 드리는 것은 의미가 있습니다. 세상의 궁극적 가치는 하나님의 말씀을 듣고 경외하는 것입니다. 모든 세상의 역사는 이것을 위해 존재합니다. 이보다 더 귀하고 가치 있는 일은 없습니다. 제자들은 이 일에 사용을 받아야 합니다.

2. 제자의 자격 - 순종

주님의 제자가 되는 길은 자기를 미워하는 길입니다. 다시 말하면 자기를 부인하는 삶을 살지 못하면 누구도 주님의 제자가 되기 어렵습니다. 제자는 자기를 얼마나 죽이느냐에 따라 결정됩니다. 주님의 제자는 자기를 부인하고 자기 십자가를 지고 주님을 따라가는 삶을 살아야 합니다. 제자는 날마다 자신을 죽이는 일이 과제입니다.

주님을 위하여 자신을 드리면 주님은 더 큰 것으로 제자에게 보상을 해 줍니다. 살고자 하면 죽지만 죽고자 하면 살게 됩니다. 얼마나 주님을 위해 자신을 드리느냐가 제자의 삶을 결정하는 요인이 됩니다.

주님을 따르는 제자는 모든 면에서 순종을 실천해야 합니다. 가정에서는 부부의 복종과 순종을 배워야 합니다. 교회에서는 성도로서 서로 복종하고 순종하는 본을 보여야 합니다. 직장에서도 순종하는 삶을 살아야 합니다. 순종하되 눈가림만 하지 말고 진실로 순종하는 삶을 살아야 합니다

이것은 사회와 국가에 대해서도 그대로 나타납니다. 국가의 질서에 복종하여 모든 질서를 하나님이 세우신 것으로 알고 순종해야 합니다. 이렇게 보면 제자의 삶은 순종으로 정리될 수 있습니다. 이것은 하나님의 질서에 순종하는 것이지 인간의 질서에 순종한다는 의미가 아닙니다. 세상의 역사는 이런 제자들을 통해 움직입니다. 한 제자의 순종은 하나님의 나라를 이루는 데 기여하게 됩니다.

3. 위대한 하나님나라 건설자들

성경에 나와 있는 모든 인물들은 한결같이 하나님의 나라를 건설하는 제자들이었습니다. 아브라함, 모세, 사무엘, 다윗, 에스더, 이사야, 베드로, 바울 등은 모두 하나님의 나라를 건설하는 주님의 제자들이었습니다. 자신을 위해 산 사람이 아니었습니다. 한결같이 하나님의 나라를 세우고 하나님의 의를 드러내는 사람이었습니다. 그것을 위해 자신의 모든 것을 버리고 바쳤습니다. 세상에서는 작고 낮은 길을 택하여 그것을 통해 하나님의 영광을 높였습니다. 날마다 자기를 죽이는 삶을 살았습니다. 하나님은 그런 제자들을 사용하여 주의

나라를 확장하는 데 사용하셨습니다.

4. 충성스러운 제자를 찾아라

제자는 또 다른 제자를 낳습니다. 제자를 삼는 사역은 하나님의 나라에 중요한 원리입니다

하나님의 나라는 사람을 통하여 이어져 갑니다. 한 사람을 통하여 또 다른 사람을 세워 나갑니다. 충성스러운 제자를 삼는 것은 하나님의 나라를 건설하는 데 중요한 역할을 합니다. 그래서 제자 삼는 사역이 중요합니다. 사람으로 이어져 가는 하나님의 나라는 충성스러운 제자를 통해 이루어집니다.

충성스러운 제자를 삼을 때 하나님의 말씀이 이어져 갑니다. 그렇지 못하면 말씀이 전달되기 어렵습니다. 특히 가르치는 일을 통하여 하나님의 언약이 이어져 갑니다.

주님의 제자들 중에 베드로와 가롯 유다는 다 같이 시작했지만 신실하게 끝까지 간 제자는 베드로였습니다. 가롯 유다는 마지막까지 주님을 따르지 못하고 죽음의 길을 갔습니다. 하나님의 나라는 충성스러운 사람을 통해서 이루어집니다.

5. 하나님나라의 담지자들

제자는 하나님의 나라를 소유한 사람들입니다. 제자의 마음속에는 하나님의 나라가 가득합니다. 제자들이 전하는 것은 자기 안에 있는 천국입니다. 천국을 소유하지 못한 사람들은 제자가 되지 못합

니다.

구약부터 살았던 믿음의 사람들은 모두가 하나님의 나라에 속한 사람들입니다. 아브라함, 이삭, 모세 등 모든 하나님의 인물들은 하늘에 속한 사람들입니다. 그러나 세상 사람들은 세상 나라에 있습니다. 세상 나라를 지배하는 사단은 사람들을 자기의 하수인으로 삼으려고 합니다.

귀신을 쫓아내면 그곳에 하나님의 나라가 임합니다. 사단과 성령은 함께 거하지 못하기 때문입니다. 그러므로 우리 안에 있는 악한 마귀를 몰아내면 그곳에 하나님의 나라가 이루어집니다.

하나님의 나라의 모습은 평강과 기쁨과 의가 넘칩니다. 그러나 세상의 나라는 시기와 질투와 미움이 가득 차 있습니다. 하나님의 나라인가, 세상 나라인가를 알 수 있는 방법은 사람들 속에 무엇이 가득 차 있는지 살펴보면 됩니다. 우리가 전해야 할 복음은 하나님의 나라입니다. 제자들은 이것을 위해서 부름을 받았습니다. 천국이 가까왔다고 전하는 복음의 메시지는 하나님의 나라의 메시지입니다.

6. 제자를 통한 하나님나라 건설

충성된 제자들의 삶을 보면 모두 하나님의 나라와 의를 구하는 것이 먼저입니다. 무엇을 하든지 하나님의 나라와 의를 구하는 것과 연관이 있습니다. 제자들이 교회 안에서 이루어야 할 하나님의 나라의 구체적인 모습은 서로 존경하며 사랑하는 것입니다. 부지런하며 게으르지 말고 열심을 다하여 주를 섬길 때 교회 안에서 하나님의 나라가 이루어집니다.

그리고 교회 밖에서 하나님의 나라가 이루어지는 것은 세상과 다른 삶을 살 때 가능합니다. 박해하는 자를 축복하고 저주하지 않는 일입니다. 즐거워하는 자들과 같이 웃고 우는 자들과 함께 우는 일입니다. 악을 악으로 갚지 않고 선으로 악을 갚는 삶이 하나님의 나라를 이루는 길입니다. 원수가 주리거든 먹이고 마시게 하면서 세상과 구별된 삶을 살아갈 때 세상 속에서 하나님의 나라가 이루어집니다. 이 일의 중심에 선 사람들이 제자들입니다.

7. 제자들에게 주어지는 보상

그리스도인은 세상에서의 복이 아닌 하나님의 나라의 복을 받는 사람입니다. 하나님의 나라의 복은 영적인 복으로 하나님의 위로와 평강이 임하는 것입니다. 비록 세상에서 물질적인, 한시적인 복이 주어지지 않아도 영적으로 영원한 복을 받게 됩니다. 산상수훈의 팔복은 제자들에게 주어지는 복입니다.

작은 일, 눈에 보이지 않는 일이지만 그것이 주님을 위해서 한 일이면 하나님 앞에서 칭찬을 받게 됩니다. 작은 자에게 한 것이 곧 하나님에게 한 일입니다. 이것이 하나님의 나라의 일입니다. 세상에서는 물질적이고 보이는 것에만 가치를 부여합니다. 그러나 하나님의 나라는 비록 작은 것이라도 그것이 하나님을 위해서 한 일이면 위대한 일이 됩니다.

엔크리스토 제자양육성경공부

인도자지침서

3 정착과정

새로운 사람

좋은뿌리 1 회개와 나

주제 목적

하나님의 자녀로 부름을 받는 첫 번째 단계는 회개입니다. 회개에 대한 성경적 의미를 살펴보는 것은 우리 자신을 발견하는 데 도움을 줍니다. 회개는 구원에 관계된 일회적인 회개가 있는 반면에 성화를 좇아가는 계속적인 회개가 있습니다. 회개의 전반적인 측면을 살펴보면서 우리 믿음 생활에 기초적인 도움을 받는 것은 의미가 있습니다.

신앙생활에 있어서 회개 없이는 아무것도 이룰 수 없고 하나님의 음성을 들을 수도 없습니다. 또 하나님과 깊은 교제에도 들어갈 수 없습니다. 회개할 때 모든 것은 시작되고 회개할 때 믿음의 문도 열립니다.

주제 진행

1과 : 이스라엘 백성들이 하나님에게서 떠나 있는 모습을 통해 우리 죄의 실상을 살펴보는 데 있습니다.

2과 : 죄는 언제나 개인적이면서 공동체적인 면을 포함하고 있음을 강조합니다. 해결점 역시 개인과 공동의 두 차원에서 이루어져야 함을 말하고 있습니다.

3과 : 분명한 목적이 있는 회개가 되어야 함을 말합니다. 그래야만 현실적이고 이기적인 것을 넘어 삶의 변화를 가져올 수 있고 적극적인 신앙을 유지할 수 있습니다.

본 주제를 다룸에 있어서 회개는 예수 그리스도에게 초점이 향해 있음을 상기할 필요가 있습니다. 회개의 목적도 예수 그리스도요, 죄의 해결점도 역시 예수 그리스도를 통해서만 가능합니다.

01 하나님께 돌아오라

말씀의 살핌

1_ 본문에서 보여주는 하나님은 사랑과 공의의 하나님이십니다. 하나님은 두 가지 면이 있습니다. 잘못에 대해서는 징벌을 내리시고 회개하면 구원을 베푸는 하나님이십니다.

2_ 범죄한 이스라엘이 살 수 있는 길은 하나님에게로 돌아오는 길입니다.

3_ 하나님께 돌아오려면 하나님을 아는 지식이 있어야 합니다. 하나님을 바르게 알지 못하면 하나님 앞에서 회개가 안 일어납니다.

4_ 이스라엘 백성들이 하나님을 사랑하는 것은 아침 이슬처럼 쉽게 없어지는 모습입니다. 항상 하나님을 사랑하지 못하고 쉽게 포기하고 무너지는 그런 사랑입니다. 하나님은 이스라엘에게 하나님을 알기를 원합니다.

5_ 하나님은 언약을 버린 이스라엘 백성을 심판하십니다. 언약을 어기는 것은 곧 악을 행하는 것으로 나타납니다.

말씀의 깨달음

1_ 하나님에게 돌아간다는 것은 곧 회개를 의미합니다. 죄는 하나님을 떠난 것입니다. 다시 하나님을 찾고 하나님에게로 돌아서는 일은 하나님이 모든 것의 시작임을 말합니다.

탕자가 아버지 집으로 돌아오는 것과 같이 이스라엘도 하나님을 찾아 돌아오는 것을 말합니다. 그러나 여기서 하나님에게로 돌아가자는 이스라엘의 외침은 진정한 것이 아니었습니다.

2_ 죄는 관계가 깨진 것을 말합니다. 관계가 깨지면 의사소통이 안 됩니다. 서로 말이 안 통합니다. 지금 이스라엘은 하나님의 뜻을 잘 이해하지 못하는 상황이 되었습니다. 기도가 안 되고, 하나님의 뜻을 구하기보다는 자기의 생각만 나열하는 기도를 한다면 이것은 아직 관계가 회복이 안 된 것입니다. 지금 이스라엘의 상태가 이와 같은 모습입니다. 하나님에게로 돌아가자고 기도하지만 그들은 하나님에게로 돌아서고자 하는 마음이 없습니다.

그래서 기도가 공허하고 자기들의 생각을 관철하려는 외적인 회개에 머물고 말았습니다.

3_ 이스라엘이 여호와께 돌아가자고 회개 기도를 하지만 진정한 회개가 되지 못한 것은 하나님을 아는 지식이 없어서입니다. 이스라엘은 하나님을 힘써 알자고 말했지만 그들은 아직 하나님을 잘 알지

못했습니다. 하나님을 계절적인 순환 시스템처럼 일정하게 움직이시는 분으로 이해했습니다. 하나님을 시스템으로 이해하면서 자기들의 입맛에 맞도록 변형시킨 그런 앎이었습니다. 봄이 오면 여름이 오고 여름이 오면 가을이 오듯이 하나님이 지금 이스라엘을 징계하셨기에 다음에는 구원이 임한다는 내용으로 하나님을 이해했습니다. 하나님에 대한 잘못된 지식이 결국 이스라엘을 멸망에 이르게 했습니다.

그래서 하나님은 6절에서 '나는 인내를 원하고 제사를 원하지 아니하며 번제보다 하나님을 아는 것을 원하노라' 고 말씀하셨습니다. 오늘 우리도 하나님을 잘못 이해하고 있는 것은 아닌지 점검해 보아야 합니다. 내가 만든 하나님을 이해하는 것은 우리에게 치명적인 죄를 낳게 합니다. 신앙을 시스템으로 이해하고 하나님을 그 안에 집어넣는 것을 조심해야 합니다.

하나님을 바라보면서 은혜를 바라보는 그런 신앙으로 탈바꿈해야 합니다. 비를 내리시는 분도 봄과 여름을 주시는 분도 하나님이심을 믿는 신앙이 중요합니다.

범죄한 백성 02

말씀의 살핌

1_ 누가: 이사야, 언제: 유다 왕 웃시아와 요담과 아하스와 히스기야 시대에, 무엇을: 유다와 예루살렘에 관하여 본 계시입니다.

2_ 하나님은 이스라엘을 소와 나귀로 비유합니다. 짐승은 자기의 주인을 알지만 이스라엘은 하나님을 알지 못하는 악한 상태를 묘사하고 있습니다.

3_ 이스라엘은 하나님을 버리고 만홀히 여기면서 멀리 떠나갔습니다. 이것은 모두 바알을 섬김에서 비롯된 것입니다.

4_ 이스라엘은 하나님께 매를 맞은 상태가 되었습니다. 아직도 회개를 하지 못하고 더 맞으려고 죄를 범하고 있습니다. 이스라엘의 땅과 나라가 모두 파괴되고 말았습니다. 거의 패망 직전까지 가게 되었습니다.

5_ 하나님은 이스라엘을 완전히 멸망시키지 않으시고 생존자를 조금 남겨 두셨습니다. 남은 자를 통하여 다시 구원하고자 하는 하나님을 발견할 수 있습니다. 심판 중에서도 하나님은 구원을 베풀고 계십니다.

6_ 범죄한 백성에게 하나님이 요구하시는 모습은 하나님의 말씀을 듣는 것입니다. 귀를 기울여 하나님의 말씀을 듣는 일입니다.

7_ 이스라엘 백성의 종교적인 잘못은 모두가 외형적이고 가시적이며 중심이 사라진 모습입니다. 하나님은 그것을 그만두라고 말합니다. 형식만 남은 예배와 제사는 무의미합니다.

8_ 예배보다 더 중요한 것은 하나님의 뜻을 행하는 일입니다. 자기를 돌이켜 회개하고 악을 버리고 어려운 자를 돌아보는 일이 참된 제자의 모습입니다. 선행과 정의를 구하며 고아와 과부를 도와주는 것이 하나님의 뜻입니다. 이런 일을 무시하고 제사에만 힘을 쏟는 당시 이스라엘의 가식적인 신앙을 이사야는 지적하고 있습니다.

말씀의 깨달음

1_ 지금 이스라엘의 죄는 공동체적이면서 아울러 개인적입니다. 개인과 공동체는 함께 갑니다. 개인이 잘못하면 공동체도 문제가 생깁니다. 그래서 개인은 공동체를 위해서 기도해야 합니다. 다른 사람의 잘못을 나의 잘못으로 알고 함께 노력해야 합니다. 한 사람이 잘못하면 모두가 죄를 짓게 됩니다. 이스라엘의 지도자들이 잘못해서

결국 이스라엘 백성을 죄 짓게 만들었습니다.

2_ 죄를 가지고 있으면 하나님은 응답해 주지 않으십니다. 가장 중요한 것은 스스로 죄를 깨끗하게 하는 것입니다. 각자 개인적으로 자기의 죄를 회개하고 하나님께 용서를 구해야 합니다. 그렇게 할 때 다른 것들도 회복이 됩니다. 죄를 회개할 때는 먼저 개인적으로 해야 합니다.

3_ 이스라엘의 죄는 개인적이면서 공동체적인 것입니다. 개인의 잘못은 공동체에 영향을 미쳤습니다. 우리는 국가의 잘못을 우리의 잘못으로 받아들이고 회개해야 합니다. 그렇게 하지 않으면 진정한 치유가 일어나지 않습니다. 국가를 위하여 중보기도를 하고 가정과 이웃을 위하여 기도해야 하는 이유가 여기에 있습니다.

03 회개와 십자가

말씀의 살핌

1_ 베드로가 신앙고백을 한 이후입니다. 베드로가 예수님을 제대로 이해하자 그때 비로소 예수님이 자신의 사역에 대해서 말씀하셨습니다.

2_ 21절은 '메시야 비밀'을 의미합니다. 중심 내용은 고난과 십자가의 죽음과 부활입니다.

3_ 베드로는 주님이 죽으신다는 말을 듣고 그렇게 할 수 없다고 했습니다. 그것은 하나님의 일을 생각하기보다는 사람의 일을 생각했기 때문입니다. 그리고 베드로가 주님의 말씀을 전체적으로 이해했다면 이렇게 행동을 하지 않았을 것입니다. 죽는 것만 생각했지 다시 살아난다는 말에는 귀를 기울이지 못했습니다

4_ 예수님이 말씀하시는 회개는 자기를 부인하는 것입니다. 자기를 버리고 주님에게로 돌아서는 것입니다. 십자가를 지는 것은 주님

을 따르는 것을 말합니다.

5_ 회개의 목적은 잘 살고 건강하기 위해서가 아닙니다. 십자가를 지기 위해서입니다. 주님을 따르기 위해서입니다. 주님을 위해 살기 위해서입니다.

6_ 주님이 오실 때는 행한 대로 갚으십니다. 지금보다 마지막이 더 중요합니다. 마지막에 하나님의 심판대 앞에 설 것을 생각하며 살아가야 합니다.

말씀의 깨달음

1_ 베드로는 주님의 일을 생각하기보다는 자기 일을 먼저 생각했습니다. 범죄는 자기의 뜻대로 사는 것입니다. 회개는 하나님의 뜻으로 돌아서는 것입니다. 자기 중심에 사로잡히면 죄를 범하게 됩니다. 죄를 짓게 하는 가장 큰 원인은 자신입니다.

2_ 회개는 자기 부인에서 시작됩니다. 자기 부인 없는 회개는 진정한 회개가 아닙니다.

회개와 영생과 십자가는 상호적인 관계를 갖고 있습니다. 회개 속에 십자가와 영생이 들어 있습니다. 회개가 위대한 것은 그것을 통해 우리가 십자가의 사랑을 깨닫고 구원에 이르게 되기 때문입니다. 회개하면 세례를 받고 구원을 얻게 됩니다. 얼마나 놀라운 일입니까?

3_ 사람들이 회개를 하면서도 계속 죄를 범하는 이유는 온전한 회

개가 되지 않았기 때문입니다. 지식적인 회개에만 머물기 때문입니다. 삶이 전환되는 회개가 일어나야 합니다. 그래야 다시는 돌아서지 않게 됩니다. 마음과 생각에만 머문 것이 아닌 행동이 바뀌어야 합니다. 탕자가 집에 돌아오는 것까지를 회개라고 말한다면 다시 집을 나가지 않을 것입니다. 그러나 생각과 마음으로 뉘우치는 것으로는 또 다시 죄를 짓게 됩니다.

좋은뿌리 2 예수님과 나

주제 목적

예수 그리스도는 모든 것의 중심입니다. 회개하는 것은 예수님에게로 돌아서기 위함입니다. 예수님을 만나기 위함입니다. 신앙의 중심은 예수님입니다. 착한 사람이 되기 위해서 회개하는 것이 아니고 예수님을 만나기 위해서 회개하는 것입니다. 회개하고 복음을 믿기 위해서입니다.

이런 면에서 예수님을 공부하는 것은 의미가 있습니다.

주제 진행

본 주제는 신앙의 중심인 예수님에 대해 살펴봅니다. 예수님은 곧 자신을 발견하는 거울과도 같습니다. 얼마나 예수님에 대한 신앙이 바르게 정립되느냐에 따라 우리의 신앙이 달라집니다.

1과 : 예수님이 어떤 분인가를 살펴봅니다. 예수님을 정확하게 아는 것이 중요합니다.

2과 : 예수님이 행하신 일을 공부합니다. 예수님의 사역 중에서 중요한 십자가 사건을 살펴보면서 하나님의 사랑을 배우게 됩니다.

3과 : 생명의 길이신 예수님을 따르는 삶에 대해서 공부합니다. 진리되신 예수님을 어떻게 따르는가를 확인하게 될 것입니다.

04 예수 그는 누구인가?

말씀의 살핌

1_ 아버지와 아들의 관계입니다.

2_ 아버지께서 행하시는 일을 아들도 행합니다. 아버지가 행하는 것을 아들에게 다 보이셨습니다. 아버지께서 죽은 자를 일으킨 것 같이 아들도 자기가 원하는 자를 살리십니다.

3_ 아버지가 아들에게 심판을 맡기십니다.

4_ 아버지와 아들은 하나이기 때문에 아들을 공경하지 않는 것은 곧 아버지를 공경하지 않는 것이 됩니다.

5_ 예수님을 믿는 자는 영생을 얻고 심판에 이르지 아니합니다. 사망에서 생명으로 옮겨졌습니다.

6_ 예수님은 하나님의 생명을 지닌 분이십니다. 아버지께서 아들

에게 생명을 주어 그 속에 있게 하셨습니다.

7_ 선한 일을 한 사람은 생명의 부활로, 악한 일을 행한 사람은 심판의 부활로 나아오게 됩니다.

말씀의 깨달음

1_ 하나님과 예수님은 인간적인 표현으로 아버지와 아들의 관계입니다. 그것은 하나님과 예수님은 곧 하나라는 사실을 말합니다. 예수님을 믿는 것은 곧 하나님을 믿는 것입니다. 하나님이 눈에 보이지 않기 때문에 우리는 예수님을 통해 하나님을 믿게 됩니다.

2_ 하나님이 아들에게 심판을 맡긴 이유는 아들을 통해 구원을 얻게 하는 의미가 있습니다. 아들이 심판하든지 아버지가 심판하든지 그것은 다 같은 것입니다. 그러나 심판을 하나님이 하시지 않고 예수님에게 맡긴 것은 아들이신 예수님을 통해 구원이 임하는 것을 강조한다고 볼 수 있습니다. 나중에 예수님을 믿는 사람은 심판대 앞에서 두려워하지 않게 될 것입니다.

3_ 영생을 얻는 사람은 죄를 용서받았음으로 심판에서 면제됩니다. 그러나 죄가 있으면 사망에 이르게 됩니다. 우리는 이것을 심판받았다고 말합니다. 하나님의 심판은 하나님의 성품을 드러냅니다. 공의의 하나님이시므로 죄를 그대로 묵과하실 수 없습니다. 인간은 죄의 문제를 해결하지 않으면 결국 헛된 삶을 산 것입니다.

05 죽음을 통한 사랑

말씀의 살핌

1_ 예수 그리스도, 믿음, 즐거움, 환란, 화목, 구원, 인내, 연단, 죄인, 의로움 등입니다.

2_ 예수 그리스도를 믿음으로 우리가 구원을 얻었습니다. 죄인이었지만 이제 예수로 인하여 의롭게 되었습니다. 이렇게 구원을 얻은 사람은 환란 중에도 즐거워하고 인내하며, 연단 중에 믿음을 갖고 살게 되었습니다.

3_ 믿음으로 말미암아. 예수 그리스도를 통하여 구원을 얻게 되었습니다.

4_ 예수로 인하여 하나님의 영광에 들어가게 되었고 그 속에서 즐거워하게 되었습니다.

5_ 그리스도인은 환란 중에서도 기뻐해야 합니다. 환난은 인내를,

인내는 연단을, 연단은 소망을 이루기 때문입니다.

6_ 예수님은 죄인된 우리를 위해 죽으셨습니다. 하나님을 대적하는 경건하지 않은 원수를 위해 죽으셨습니다.

7_ 예수님이 우리를 위해 죽으심으로 하나님이 우리를 얼마나 사랑하는지를 확증하셨습니다. 예수의 죽으심으로 인간은 하나님의 진노에서 벗어날 수 있게 되었습니다.

8_ 예수님의 죽으심이 인간을 하나님과 화목되게 하셨습니다.

우리 힘으로는 도저히 하나님과 하나될 수 없는데 주님이 죽으심으로 그것이 드디어 가능하게 되었습니다.

9_ 예수님의 죽으심으로 말미암아 우리에게 주어지는 축복은 여러 가지가 있습니다. 예를 들면 구원과 화목, 즐거움과 소망 등입니다. 무엇보다도 하나님과 화목하게 됨으로 하나님과의 관계가 회복된 것은 놀라운 은혜입니다.

말씀의 깨달음

1_ 예수를 믿음으로 의롭다 하심을 받은 것은 곧 하나님과 화평을 누리는 것을 의미합니다. 또한 하나님의 진노에서 벗어나 구원에 이르는 것을 말합니다. 구원은 영생이요, 하나님과 영원히 함께 사는 것입니다. 이렇게 보면 예수님의 죽으심은 놀라운 은혜입니다. 그것을 내가 믿음으로 받아들일 수 있다는 것이 특권입니다. 믿고 싶다고

믿어지는 것이 아닙니다. 예수를 믿는 것은 하나님이 은혜를 주셔야만 가능한 일입니다. 인간의 힘으로는 안되는 하나님이 행하신 사건입니다. 인간이 믿는 것이지만 그것 또한 하나님이 믿게 해주셔야 가능한 일입니다.

2_ 우리에게 있는 소망과 즐거움과 인내와 화평함은 하나님이 주시는 선물입니다. 인간의 노력으로 될 수 없는 전적으로 하늘에서 주시는 선물입니다. 이러한 축복은 예수님을 통해 우리에게 임합니다. 이것은 누구에게나 가능한 일입니다. 예수님을 영접한다면 말입니다. 예수님 한 분으로 주어지는 복은 셀 수 없을 정도로 많습니다. 그 중에 가장 큰 것은 영생을 얻은 것입니다.

3_ 하나님은 사랑이십니다. 이것을 분명하게 보여주는 사건이 십자가 죽음입니다. 독생자 아들을 우리에게 보내셔서 십자가에 죽게 하심으로 하나님이 인간을 얼마나 사랑하는지를 보여주었습니다. 하나님이 인간이 되셔서 하나님을 배반한 인간을 위해 죽는 일은 불가능한 일입니다. 이보다 더 큰 사랑은 없습니다. 세상에서 이만한 사랑을 아직 보지 못했습니다. 우리는 십자가를 통해 하나님이 인간을얼마나 사랑하는지를 알 수 있습니다. 이런 사랑을 제대로 받았다면 그 사람은 다른 사람을 사랑할 수 있을 것입니다. 원수까지도 사랑할 수 있을 것입니다. 인간의 힘으로는 불가능하지만 하나님의 사랑이 있다면 가능한 일입니다.

이런 면에서 하나님의 사랑을 받는 것이 무엇보다도 중요합니다. 물론 이 사랑은 하나님으로부터 받아야만 가능한 사랑입니다.

오직 한 길 06

말씀의 살핌

1_ 도마와 빌립입니다.

2_ 하나님을 믿지 못하기 때문입니다. 근심과 불안은 믿음이 상실되었을 때 생깁니다.

3_ 우리가 거할 처소는 이 세상이 아닌 하나님나라에 있습니다. 그곳은 주님이 준비해 주신 곳입니다. 예수를 믿는 자에게 준비해 주신 주님의 처소입니다.

4_ 나는 길이요 진리요 생명이라고 말씀하십니다. 이 세상에서 이렇게 말한 사람은 없습니다. 오직 예수님만이 가능한 말씀입니다.

5_ 하나님께로 갈 수 있는 길은 오직 하나입니다. 그것은 예수 그리스도입니다.

6_ 빌립이 예수님에게 하나님 아버지를 보여달라고 하자 예수님은 자신이 곧 하나님이라고 말씀하십니다. 제자들은 예수님을 아직 하나님으로 이해하지 못했습니다.

7_ 예수님을 믿는 사람은 예수님과 같은 일도 하지만 예수님보다 더 큰 일도 할 수 있습니다. 그것은 예수님이 믿음으로 선물을 주시기 때문에 가능한 일입니다. 예수님을 믿는 사람은 위대한 일을 합니다.

8_ 예수님의 이름으로 구할 때 주님은 일을 행하십니다. 예수님의 이름으로 구할 때 응답하시는 이유는 그것을 통하여 아들로 말미암아 영광을 받으시게 하기 위해서입니다.

모든 것은 예수님을 통해 이루어집니다. 그것은 주님이 가장 중요한 분임을 보여주기 위해서입니다.

하나님은 예수님을 통해서 일하십니다. 이것은 하나님이 인간을 통해 일하시는 것과 같습니다.

말씀의 깨달음

1_ 우리는 예수님을 믿으면서도 여전히 불안해 합니다. 이것은 당시의 제자들과 같은 모습입니다. 당장 눈앞에 예수님을 두고서도 불안해 하는 것처럼 이미 예수님을 영접했으면서도 걱정하면서 살아가는 경우가 많습니다. 왜 그럴까요? 그것은 예수님에 대해 아직 확실한 믿음을 가지지 못했기 때문입니다. 나의 구주로 믿지 못했기 때문입니다. 믿었다 할지라도 온전한 믿음이 되지 않아서입니다. 나를 창

조하신 분이요 구원하신 분이라면 나의 모든 생애를 그분이 책임져 주실 것입니다.

2_ 예수님이 길이요 진리요 생명이라는 말은 이 세상의 모든 핵심이 예수님께 있다는 것을 의미합니다. 우리 인생의 길은 예수님에게서 결정됩니다. 얼마나 예수님을 믿느냐에 따라 우리의 인생이 달라집니다. 나는 내 인생에서 예수님이 가장 중요한 분으로 자리 잡고 있습니까? 그렇게 살고 있습니까?

3_ 우리는 예수님을 통해서만 하나님을 볼 수 있고 하나님에게로 나아갈 수 있습니다. 이것은 하나님이 우리에게 보여주신 계시 방법입니다. 예수님을 제외하면 신앙은 무의미합니다. 예수님을 통하지 않고는 누구도 하나님의 말씀을 확신할 수 없습니다. 예수님을 통해서만이 하나님의 사랑을 확증할 수 있습니다. 종종 예수님 없이 하나님을 믿으려는 사람들이 있습니다. 그러나 그것은 잘못된 것입니다. 영이신 하나님을 아무도 볼 수 없습니다. 죄인된 인간은 더욱 할 수 없습니다. 오직 육신을 입고 오신 예수님을 통해서만 하나님을 분명하게 인식할 수 있습니다. 예수님은 보이지 않는 하나님의 형상입니다. 예수님은 인간이 하나님을 볼 수 있는 유일한 방법입니다.

좋은뿌리 3 성령님과 나

주제 목적

신앙생활은 영적인 생활이므로 영에 대한 바른 이해가 요구됩니다. 성령님에 대한 공부는 이런 면을 채워 줄 것입니다. 한국 사회와 교회에는 영에 대한 잘못된 이해가 많습니다. 지엽적이고 타종교적인 영의 이해로 성령을 이해하면 안됩니다. 예수님과 성령님의 이해는 서로 관련이 있습니다. 따로 떼어 이해할 수 없습니다. 예수님 없는 성령 이해는 잘못될 수 있습니다.

주제 진행

본 주제는 추상적인 부분이므로 자칫 어려울 수 있습니다. 그러나 주님과 관련하여 생각하면 쉽게 이해됩니다. 특히 물질로서의 영이 아닌 인격적인 영에 이해의 초점을 두면서 진행하는 것이 필요합니다.

1과 : 성령의 내주에 대해 살펴볼 것입니다. 특히 성령의 인격적인 부분을 살펴볼 것입니다. 어떻게 성령이 우리 안에 임하는지를 공부하게 됩니다.

2과 : 성령의 삶이 무엇인지를 공부하게 됩니다. 육신을 따르는 삶과 성령을 따라 사는 삶이 무엇인지 서로 비교하면서 공부하게 됩니다.

3과 : '성령의 열매' 에 대해 알아봄으로써 성령 안에서 계속 성장해 나가는 성결의 삶과 그리스도인의 생활에 대해 살펴볼 것입니다.

내주하시는 성령 07

말씀의 살핌

1_ 예수님이 하나님께 구하신 것은 성령님이십니다. 우리를 도와주는 영인 성령님을 예수님이 승천하시면서 하나님이 우리에게 보내주셨습니다.

2_ 성령님은 어떻게 임하시는가? 성령님은 밖이 아닌 우리 안에 거하십니다. 그리고 영원히 나와 함께 하십니다.

3_ 아버지 안에 내가, 내 안에 아버지가 계신다는 말씀입니다. 이것은 주님과 하나님이 일체되심을 보여주는 것입니다.

4_ 우리가 하나님을 사랑하는 것을 증명할 수 있는 것은 하나님이 우리에게 주신 말씀을 통해서입니다. 하나님을 사랑하는 사람은 말씀을 지키게 됩니다. 주님을 사랑하는 사람에게는 주님이 거처를 준비하실 것입니다. 영원히 거하는 천국의 처소입니다.

5_ 예수님의 말씀은 곧 하나님의 말씀입니다. 예수님의 말씀을 어기는 것은 곧 하나님의 말씀을 어기는 것입니다.

6_ 성령님의 사역은 예수님이 하신 일을 이어서 하는 것입니다. 성령님은 독자적인 일을 하는 것이 아니라 주님이 하신 일을 더 확장하고 확인하는 것입니다. 주님이 하신 말씀을 가르치고 생각나게 하고 기억나게 하시는 일입니다. 우리 속에 계셔서 주님의 말씀을 가르치는 교사의 역할을 합니다.

7_ 주님이 주시는 평안은 세상이 주는 것과 같지 않습니다. 세상이 주시는 평화는 한시적입니다. 그러나 주님이 주시는 평화는 사라지지 않는 영원한 평화입니다.

8_ 예수님이 자신이 하늘에 가시기 전에 미리 제자들에게 성령님을 말씀하신 것은 이런 일이 일어날 때에 믿게 하기 위해서입니다. 약속의 성취로써 성령님을 제자들에게 믿게 하기 위해서입니다.

말씀의 깨달음

1_ 세상 사람들은 영을 물질적인 것으로 이해합니다. 예를 들면 바람이나 에너지, 기(氣) 등으로 생각합니다. 그리고 귀신처럼 눈에 보이는 것으로 생각하기도 합니다. 그러나 이것은 성령님과는 다릅니다. 성령님은 구체적으로 우리 속에 들어와 우리와 인격적인 관계를 맺는 분이십니다. 그런 이유로 그의 사역 역시 인격적입니다. 생각나고 기억나게 하고, 책망하고 진리로 가르치고 깨닫게 하는 일입

니다. 때로는 탄식하고 안타까워하십니다. 일반 영의 개념과 성령님의 개념은 잘 구분하여 이해해야 합니다.

2_ 고아와 같이 내버려 두지 않는다는 것은 성령님을 보내주신다는 말과 연관하여 생각할 수 있습니다. 그리고 다시 오신다는 것은 성령님을 통해 우리 안에 거하신다는 의미로 생각해 볼 수 있습니다. 세상은 예수님을 보지 못하지만 그리스도인은 성령으로 오신 주님을 보게 되고 함께 사는 복을 얻게 됩니다. 이것은 성령으로 우리 안에 거하시는 주님을 의미한다고 볼 수 있습니다.

3_ 성령님은 물체가 아니라 예수님처럼 인격적인 분이십니다. 그가 하는 사역 또한 인격적인 일입니다. 성령이라고 말하기보다는 성령님이라고 부르는 것이 오해가 없습니다. 성령님은 강압적으로 일하지 않습니다. 예수님이 하신 일을 우리에게 더욱 분명하게 가르치고 보여주고 알게 하는 역할을 합니다. 언제 어디서나 함께하는 위로자, 교사 등의 역할을 합니다. 성령님은 언제나 예수님과 연관하여 생각해야 잘못되지 않습니다. 그렇지 않고 성령님을 독자적으로 생각하면 예수님과 관계 없는 위험한 영으로 다가올 수 있습니다. 하나님의 언약과 말씀과 상관없이 역사하시는 성령 이해는 잘못된 것입니다. 이렇게 되면 잘못 나갈 수 있습니다. 이단, 사이비가 다 이런 경우에 해당됩니다. 성령님을 마치 자기 마음대로 조종하는 영으로 생각하면 무당과도 같은 모습입니다. 아주 조심해야 합니다.

08 성령을 따라 살자

말씀의 살핌

1_ 하나님의 정죄를 피할 수 있는 길은 인간의 힘으로는 안 되고 예수 안에 거하는 것입니다. 유월절 어린양의 피 속에 거하면 이스라엘이 죽음에서 건짐을 받는 것처럼 예수 안에 있으면 우리도 하나님의 심판을 벗어날 수 있습니다.

2_ 사람은 두 종류가 있습니다. 육신을 좇는 자와 영을 좇는 자입니다. 그들의 사는 방식과 결과는 전혀 다릅니다. 육신을 좇는 자는 사망에 이르지만 영을 좇는 자는 생명과 평안을 얻습니다. 하나님과 관계에서도 육신을 좇는 자는 원수와 같은 관계이지만 영을 좇는 자는 아버지와 같은 관계입니다.

3_ 그리스도인은 그리스도의 영을 가진 사람입니다. 성령이 임하면 그리스도인이 됩니다.

4_ 그리스도의 영이 우리 안에 거하면 우리는 육신에 있지 아니하

고 영에 있게 됩니다. 몸은 죄로 인하여 죽게 되지만 영은 의로 말미암아 살아 있게 됩니다.

5_ 육신대로 살면 반드시 죽게 됩니다.

6_ 영으로써 몸의 행실을 죽이면 살아납니다.

7_ 하나님의 아들은 하나님의 영으로 인도함을 받는 사람입니다. 그리고 그런 사람은 하나님의 아들입니다.

8_ 그리스도와 함께 상속을 받은 자는 고난도 함께 받는 것을 이상하게 생각하지 말아야 합니다. 왜냐하면 그리스도도 고난을 받았기 때문입니다. 그리스도로 인해 영광을 받는 자는 그리스도와 받는 고난도 함께 받아야 합니다.

말씀의 깨달음

1_ 죄에서 해방되었다는 것은 더 이상 죄의 노예가 안 된다는 것을 의미합니다 .

예수 안에 있다는 것은 이제 그동안 인간을 괴롭혔던 모든 문제에서 해방되었다는 것을 의미합니다. 인간의 최대 문제인 죽음의 문제도 해결되었음을 말합니다. 인간의 모든 문제는 죄의 결과로 일어난 것입니다. 죄를 해결하면 그동안 인간을 괴롭혔던 문제들이 자연스럽게 해결됩니다.

2_ 성령이 그리스도 안에 내주하는 것은 이미 그리스도인 속에 성령이 임재한다는 것을 말합니다. 예수를 믿는 사람은 성령도 함께 임합니다. 선물로 받습니다. 그러므로 예수 믿는 사람들은 성령 받았음을 확신해도 됩니다. 누구든지 성령이 아니고서는 예수님을 주님이라 시인할 수 없습니다. 예수님을 구원자로 믿는 것은 성령의 역사입니다. 아바 아버지라 부르는 것은 성령께서 역사하셔야 가능한 일입니다.

3_ 하나님의 자녀는 성령의 인도하심을 받습니다. 이제 자신의 생각대로 사는 것이 아닌 하나님의 영을 따라 살게 됩니다. 물론 여기서 성령의 인도하심이 나타나도 내가 그것에 순종하지 않으면 성령이 나를 인도하실 수 없습니다.

말씀을 통하여 성령의 인도하심을 받아야 합니다. 그렇지 않으면 내 생각을 곧 성령의 인도하심으로 착각할 수 있습니다.

성령의 열매 09

말씀의 살핌

1_ 본문은 네 가지로 구분할 수 있습니다. 16-18절은 성령의 소욕과 육체의 소욕, 19-21절은 성령의 인도하심, 22-24절은 성령의 열매, 25-26절은 성령을 따라 살라입니다.

2_ 성령을 따라 행하는 것, 성령의 인도하심, 성령으로 살면.

3_ 성령을 따라 적극적으로 살게 되면 육신의 욕심을 이루지 않게 됩니다. 또 성령의 인도하심을 받으면 율법 아래 있지 않게 됩니다.

4_ 육체의 일은 음행, 더러운 것, 호색, 우상 숭배, 시기, 분냄, 당짓는 것, 분열, 이단, 투기, 술취함, 주술, 원수 맺는 것, 분쟁, 시기, 방탕함 등입니다.

성령의 열매는 사랑, 희락, 화평, 오래 참음, 자비, 양선, 온유, 충성, 절제입니다.

5_ 성적인 것은 — 음행, 더러운 것, 호색
종교적인 것 — 우상 숭배, 주술, 이단
이웃에 대한 것 — 원수 맺는 것, 분쟁, 시기, 분냄, 당 짓는 것, 분열, 투기
절제하지 못한 죄 — 술취함, 방탕함

6_ 정욕과 탐심을 십자가에 못 박아 장사 지내는 일입니다. 성령을 따라 사는 삶으로, 서로 시기하거나 노여워하지 않는 삶입니다.

말씀의 깨달음

1_ 성령충만은 계속적인 일입니다. 매번 지속되기 어렵습니다. 우리 안에는 여전히 육신의 지배를 받는 연약함이 있습니다. 우리 안에는 죄가 존재하기 때문에 날마다 그 죄를 십자가에 못 박아 죽여야 합니다. 선 줄로 생각하면 넘어질 수 있습니다. 말씀을 통해서 자신을 죽이고 순종하는 삶을 살아야 합니다. 성령에 민감하게 반응하면서 늘 하나님의 뜻을 잊어버리지 않도록 해야 합니다.

2_ 성령의 열매는 성령의 인도하심을 통해 맺힌 열매입니다. 하나님이 맺게 하신 것이기에 이것을 어느 것으로도 금할 수 없습니다. 하나님이 주신 선물이기 때문입니다. 하나님이 하신 일이기에 인간의 어떤 것으로도 제한하거나 무시할 수 없습니다.

성령의 열매는 인간적인 방법으로 맺힐 수 없습니다. 오직 하나님의 은혜로 주어진 열매입니다.

3_ 그리스도인은 십자가에 자신을 장사 지낸 사람입니다. 자신이 죄인임을 아는 그리스도인은 날마다 십자가에 자신을 죽여야 합니다. 이미 죽은 존재이지만 육신적인 그리스도인은 다시 살아납니다. 이제 그리스도인은 그것을 죽은 자로 여기고 반응하지 말아야 합니다. 오직 하나님의 나라만 생각하는 자세가 필요합니다. 십자가에 죽으신 예수님과 함께 나도 장사 지낸 것입니다. 십자가를 보면서 예수님만 보면 안됩니다. 주님과 함께 못에 박아 죽은 나의 옛 사람을 볼 수 있어야 합니다. 장사 지낸 자는 할말이 없습니다. 죽은 자는 기분도 나쁘지 않습니다. 화가 나거나 분노하거나 하지 않습니다. 이런 것은 모두 옛 사람의 특징입니다. 만약 여전히 욕심이 많고 자기 의를 드러내는 일에 열심을 다한다면 아직 옛사람을 장사 지내지 않은 것입니다. 아니면 장사 지냈음에도 그것을 잘 인지하지 않았기 때문입니다.

엔크리스토 제자양육성경공부

인도자지침서

4 성장과정

성장하는 사람

핵심뼈대 1 말씀과 함께

주제 목적

말씀은 우리가 신앙 생활하는 데 가장 중요한 것입니다. 말씀에 따라 우리의 성장은 좌우됩니다. 신앙의 기초가 되는 성경에 대해서 함께 살펴보도록 합니다

주제 진행

1과 : 구원에 이르는 성경의 힘을 공부합니다.

2과 : '삶을 바꾸는 성경' 에 대해 공부합니다. 성경은 우리의 삶에서 어떤 역할을 하는지 공부하게 될 것입니다.

3과 : '사랑의 계명' 에 대해 공부합니다. 여기서는 성경이 결코 무거운 것이 아닌 자유롭게 하는 사랑의 계명임을 강조합니다.

01 구원에 이르는 지혜

말씀의 살핌

1_ 바울은 믿음과 오래 참음과 사랑을 지녔고 복음 때문에 인내와 고난과 박해를 받았습니다.

2_ 바울은 고난을 잘 이겼는데 그것은 자기 힘으로 이긴 것이 아닌 주님이 구원해 주셨다고 고백합니다.

3_ 예수를 잘 믿고 경건하게 살고자 하는 사람은 박해를 받습니다. 진리를 따르는 길은 결코 쉬운 길이 아닙니다. 빛이 강할수록 어둠은 더욱더 핍박을 합니다.

4_ 악한 사람은 더욱 악해져서 속이기도 하고 속기도 합니다.

5_ 말씀을 배우고 확신한 일에 거하는 것입니다.

6_ 어려서부터 성경을 부모에게 배웠습니다. 또 외조모 로이스에

게서 배웠습니다.

7_ 성경은 구원에 이르게 합니다. 또 믿음을 갖게 합니다. 성경을가까이 하면 믿음이 생기고 하나님의 구원에 이르는 지혜를 얻습니다.

8_ 성경은 성령의 감동으로 기록한 것입니다. 인간이 기록한 것이지만 하나님이 주신 영감을 받아 기록한 것입니다.

9_ 성경의 기능은 사람에게 교훈과 책망과 바르게 함과 의로 교육하는 일입니다. 이렇게 함으로써 하나님의 사람으로 온전하게 하며 선한 일을 행할 능력을 갖추기 위해서 성경은 필수적입니다.

말씀의 깨달음

1_ 경건하게 사는 자에게 핍박이 많이 일어나는 것은 무엇 때문일까? 말씀을 따라 사는 삶에는 고난이 따르는 이유는 무엇일까? 의인은 고난이 많습니다. 그것은 진리를 따르는 길은 좁은 길이기 때문입니다. 세상에는 선한 이보다 악한 자들이 많습니다. 악한 자들은 자기들의 세력을 위하여 선인을 몰아내려 합니다. 그들은 진리를 두려워하기 때문입니다. 그러나 하나님은 의인과 함께하시고 의인을 구원하십니다.

말씀은 늘 환란을 동반합니다. 그래서 사람들은 진리의 길을 가는 것을 회피합니다. 주님도 진리의 길을 가는 것이 힘들었고 진리 때문에 고난을 당했습니다. 그러나 나중에는 승리했습니다. 복음을 위하여 산 제자들은 모두가 한결같이 어려움을 당했습니다. 그것은 의인의 길이기 때문입니다. 그러나 고난을 잘 견디면 나중에 승리하게 됩니다.

2_ 성경을 어려서부터 배우고 알아야 하는 이유는 어릴 때부터 사단은 악한 것을 심으려 하기 때문입니다. 어릴 때가 중요합니다. 어릴 때 가진 생각이 평생을 좌우하기 때문입니다.

어릴 때부터 성경을 배우는 것은 악한 것을 이기는 원동력이 됩니다. 그리고 구원은 말씀을 통하여 주어집니다. 성경은 지식의 책이 아니고 사람으로 하여금 구원을 받게 하는 책입니다.

3_ 하나님의 말씀은 살아 있고 운동력이 있습니다. 말씀은 사람을 변화시킵니다. 하나님은 말씀으로 세상을 창조했기 때문입니다. 말씀은 모든 것의 원리요 시작입니다.

사람을 구원하는 것도 말씀입니다. 말씀은 하나님이시기 때문입니다.

영혼을 치유하고 거듭나게 하는 것은 오직 말씀입니다. 거짓된 인간을 진리에 이르게 함으로써 참 자유를 주는 일은 진리의 말씀만이 가능합니다. 말씀만이 죽은 영혼에 생명을 불어넣게 됩니다.

삶을 바꾸는 성경 02

말씀의 살핌

1_ 하나님의 말씀에 대한 다른 명칭은 증거, 교훈, 계명, 율법, 도 등입니다.

2_ 성경은 인간을 변화시키는 힘이 있습니다.

성경의 특징은 완전하고 확실하고 정직하고 순결합니다. 인간을 변화시키는 내용은 다음과 같습니다. 성경은 영혼을 소생시키고 우둔한 자를 지혜롭게 합니다. 마음을 기쁘게 하고 영원까지 이르게 합니다.

3_ 하나님의 말씀은 정금보다 더 귀합니다. 꿀송이보다 더 달고 귀합니다.

하나님의 말씀을 대하면서 이런 것을 경험한다면 놀라운 축복을 얻게 된 것입니다.

4_ 우리를 경계하고 바르게 인도하는 것은 하나님의 말씀입니다.

사람은 우리를 온전하게 이끌지 못합니다. 사람은 누구나 문제가 있기 때문입니다.

그러나 말씀은 온전하여 사람을 바르게 인도할 수 있습니다.

5_ 하나님의 말씀은 우리로 하여금 죄를 짓지 못하게 도와줍니다. 숨은 허물에서 벗어나게 하고 죄가 나를 주장하지 않도록 도와줍니다. 말씀을 마음에 새기면 이런 일들이 일어납니다.

6_ 다윗은 하나님을 찬양하고 경배합니다. 하나님은 나의 반석이시요, 구원자이기 때문입니다.

우리도 이런 고백을 할 수 있다면 찬양은 저절로 나올 것입니다.

말씀의 깨달음

1_ 하나님의 말씀은 세상 어떤 것보다 힘이 있습니다. 그것은 사람을 변화시키는 책이기 때문입니다. 물질로는 사람을 변화시키지 못합니다. 오히려 마음을 어둡게 만듭니다. 그러나 하나님의 말씀은 우둔한 자를 지혜롭게 하고 마음을 기쁘게 해 줍니다. 순결하여 영적인 눈을 밝게 해 줍니다. 생각과 마음이 변하면 우리의 영적인 눈과 영혼이 새롭게 열립니다. 우리가 빛을 볼 수 있는 것은 생명을 통해서만 가능합니다. 하나님의 말씀은 생명입니다. 말씀이 들어가면 우리의 마음과 영혼은 새롭게 됩니다.

2_ 말씀이 꿀송이보다 더 달다고 했는데 그것은 영혼을 울릴 때 일어나는 현상입니다.

말씀의 깨달음이 오면 단 것을 경험할 수 있습니다. 마음이 기쁘고 즐겁게 되면 그때 단 것을 느낍니다. 말씀이 재미가 있고 흥미로움을 경험하면 단 것을 느낍니다. 성경에는 인생의 모든 문제가 다 들어 있습니다. 이것을 통하여 어둠 속에서 빛을 발견한다면 인생의 꿀과 같은 것을 경험하게 됩니다.

3_ 말씀은 단 것이기도 하지만, 우리 삶의 문제점을 지적하고 바른 길로 안내하면서 책망을 하고 경고하는 역할을 합니다. 이런 경우는 쓴 것을 느끼게 됩니다. 그러나 쓴 것은 약과 같아서 우리의 영혼을 건강하게 만듭니다. 종종 사람은 쓴 것은 싫어합니다. 경고가 되는 것은 피하려고 합니다. 그러나 단 것과 쓴 것을 함께 맛볼 때 우리의 신앙은 바르게 성장할 수 있습니다. 한쪽으로 편식하기보다는 균형 있는 말씀 섭취가 중요합니다.

이렇게 하기 위해서는 성경을 골라서 읽기보다 온전하게 통독하고 가감없이 읽는 훈련이 필요합니다.

03 사랑의 계명

말씀의 살핌

1_ 명령과 규례와 법도입니다. 모두 하나님의 말씀과 관계가 있습니다. 이것은 가나안 땅에서 행할 것입니다.

2_ 하나님의 말씀을 이스라엘에게 주신 것은 평생 동안 하나님을 경외하고 하나님이 주신 명령을 지켜 사는 날이 장구하게 하기 위한 것입니다. 하나님을 경외함으로 복 받는 길로 인도하기 위함입니다. 하나님의 말씀을 통하여 가나안 땅에서 복을 받게 하기 위함입니다.

3_ 유일한 하나님이십니다.

4_ 들으라는 것입니다. 하나님의 말씀은 읽는 것이지만 듣는 것입니다. 말씀을 통하여 하나님의 음성을 듣는 데 있습니다. 인격적인 표현입니다.

5_ 다하여는 최선을 다하여, 모든 것을 다 동원하라는 뜻으로 하

나님을 사랑할 때 온몸을 다하여 하라는 의미를 지니고 있습니다.

6_ 마음과 뜻과 힘을 다하여 사랑하라는 것은 전인적으로 사랑하라는 의미입니다.

7_ 하나님의 말씀을 듣고 마음에 새기는 것이 중요합니다. 생각과 마음에 말씀이 자리 잡아야 행동으로 옮기게 됩니다.

8_ 말씀은 삶에 계속 적용되어야 합니다. 따라서 집에서든지, 길에서든지 이 말씀을 강론해야 합니다.

9_ 문설주에 기록하고 바깥문에 기록하는 것은 집을 나갈 때든지 들어올 때든지 이 말씀을 중심으로 하루를 살아가라는 뜻입니다.

말씀의 깨달음

1_ 하나님은 말씀을 지켜 행하는 것을 통해 하나님을 사랑하는 길을 보여주셨습니다. 하나님을 사랑하는 것과 말씀을 지켜 행하는 것은 같은 의미를 지니고 있습니다. 눈에 보이지 않는 하나님을 사랑하는 길은 눈에 보이는 말씀을 지켜 행하는 것입니다. 그것을 통해 하나님을 드러내고 하나님의 뜻을 실천하게 됩니다. 말로만 사랑하는 것이 아닌 그 말씀을 듣고 실천하는 것이 사랑임을 알 수 있습니다.

2_ 하나님을 사랑하는 것은 말씀을 지켜 행하는 것으로 나타납니다. 그것은 이웃을 사랑하는 것입니다. 하나님을 사랑한다 하면서 이

웃을 사랑하지 않는 것은 거짓말하는 것입니다. 말씀을 지킨다는 것은 하나님이 만드신 세상을 사랑한다는 것을 의미하고 그것을 통해 하나님의 뜻을 드러내는 것입니다.

3_ 하나님의 말씀과 삶이 일치를 이룰 때 진정으로 말씀을 사랑한다고 볼 수 있습니다. 말씀 상자를 이마와 손목에 붙이는 것은 그것을 통해 말씀대로 살아야 함을 기억하기 위함입니다. 사람은 안 보면 잊어버립니다. 하나님은 이스라엘 백성에게 몸에 부착하고 대문에 붙이는 행위를 통해 늘 말씀 중심으로 사는 것을 실천하는 훈련방법을 제시합니다. 마음에 말씀을 새긴다는 것은 생각과 마음에 두는 것입니다. 우리가 사는 모든 것은 마음과 생각에서 나옵니다. 마음과 생각에 무엇이 들어 있느냐가 삶을 결정합니다. 말씀대로 실천하는 삶을 살기 위한 방법은 일차적으로 마음에 말씀을 새겨 잊어버리지 않게 하는 것입니다. 마음에 새김은 암송하고 묵상하는 것을 포함합니다.

내가 나를 이끌어 가는 것이 아닌 오직 말씀이 나를 이끌어 갈 때 나의 삶은 온전하게 됩니다. 진리의 길로 나를 이끌 수 있습니다.

핵심뼈대 2 기도와 함께

주제 목적

그리스도인의 특권을 들라면 그것은 기도입니다. 말씀은 하나님이 우리에게 하나님의 뜻을 계시하는 통로입니다. 기도는 우리가 하나님에게 말하는 통로입니다. 말씀과 기도는 동전의 양면과 같습니다. 말씀을 계속 삶에서 실천하기 위해서는 기도가 필수입니다.

기도에 대한 공부는 이런 점에서 꼭 필요합니다.

주제 진행

1과 : '이렇게 기도하라' 는 제자들에게 기도의 모범으로 가르쳐 주신 주기도문을 살펴봅니다.

2과 : '기도할 때는' 은 잘못된 기도를 점검하고 어떻게 기도의 사람이 되는가를 이야기합니다.

3과 : '예수님의 기도' 는 예수님이 직접 드리신 겟세마네 기도를 생각하면서 우리가 어떻게 기도해야 할지 실제적인 지침을 배우게 됩니다.

04 이렇게 기도하라

말씀의 살핌

1_ 기도할 때 하나님을 부르는 것이 중요합니다. 우리의 기도를 들으시는 하나님은 하늘에 계신 아버지입니다. 세상의 아버지가 아닌 하늘에 계신 아버지는 모든 것을 하실 수 있는 그런 분을 말합니다.

2_ 하나님의 이름은 인격입니다. 우리의 이름과 다릅니다. 구별된 존재로서 인식하고 하나님을 대해야 합니다. 그럴 때 하나님은 우리의 마음을 아시고 기도를 들어주십니다. 기도하기 전에 하나님을 바르게 아는 것이 전제되어야 합니다.

3_ 이 땅에서 이루어져야 할 하나님의 일은 하나님의 나라와 하나님의 뜻입니다. 우리가 기도하는 궁극적인 목적은 하나님의 나라와 하나님의 뜻입니다. 이것을 이 땅 위에 이루는 일입니다.

4_ 기도에는 크게 하나님에 대한 부분과 인간에 대한 부분이 있습니다. 하나님에 대한 것은 하나님의 뜻과 나라를 이루는 것이라면 인

간적인 부분은 일용할 양식을 얻는 것입니다. 인간은 몸을 입고 있기에 일용할 양식이 필요합니다. 이것을 위해서 구해야 합니다.

5_ 우리 죄에 대해서는 어떻게 기도해야 할까요? 죄를 용서해 달라고 기도해야 합니다. 물론 이것을 위해서는 먼저 우리가 다른 사람의 잘못을 용서하는 일이 이루어져야 합니다.

6_ 우리를 괴롭히는 것은 시험입니다. 그리고 악입니다. 이것에 빠지지 않도록 기도해야 합니다. 이것은 내 힘으로 해결될 수 없기에 하나님의 도우심을 구하는 것입니다.

7_ 모든 기도는 나의 영광이 아닌 하나님의 영광과 권세와 나라를 위해 존재합니다. 궁극적으로는 우리의 기도를 통해 하나님의 이름과 영광이 드러나야 합니다. 기도에서 이 목표가 흔들리면 기도는 하나님과 관계 없는 것이 됩니다.

말씀의 깨달음

1_ 기도는 우리의 부족한 것을 하나님에게 아뢰는 것입니다. 하나님은 우리와 함께 역사를 이루십니다. 그런 이유로 우리의 기도가 필요합니다. 하나님의 뜻과 나라가 이루어지는 데 우리의 기도가 필요합니다. 인간이 복종하고 순종할 때 세상에서 하나님의 뜻이 이루어지기 때문입니다. 예수님이 제자들에게 기도를 가르치신 이유는 제자들이 당시 이방인들의 기도에 물들었기 때문일 것입니다. 또한 유대인들의 기도에도 익숙해져 있어서 바른 기도를 가르치실 필요를

느꼈을 것입니다.

2_ 타 종교에서 기도는 기도의 대상이 비인격적인 것입니다. 혹은 가상적인 대상이거나 추상적인 관념인 경우가 많습니다. 대화를 할 수 있는 대상이 아닙니다. 그런 이유로 중언부언하면서 반복하여 주문식으로 기도합니다. 어떻게 보면 심리적인 기도가 대부분입니다. 대상은 어떤 것이든 상관없습니다. 중요한 것은 자신의 확신입니다. 우상을 만들어 기도하는 사람들이 대부분 이런 경우입니다. 이들은 말을 많이 하여야 되는 줄 알고 반복적으로 기도의 양을 늘입니다. 이런 기도는 그리스도인의 기도가 아닙니다.

기독교의 기도는 우리를 만드신 하나님과 인격적인 대화를 하는 기도입니다. 기도를 통하여 주님과 관계가 깊어집니다. 결국 주님을 만나게 되고 우리 자신이 달라지고 변화가 됩니다. 이것이 기도의 궁극적인 목적입니다.

3_ 주기도문의 핵심은 하나님의 나라를 건설하는 것입니다. 이 세상에 하나님의 나라를 세우는 것이 기도의 목적입니다. 하나님의 나라는 하나님의 뜻이 중심이 됩니다. 세상의 나라는 인간의 뜻을 이루는 것이지만 하나님의 나라는 하나님의 뜻이 이루어지는 것입니다. 이것을 위해 인간이 쓰임을 받는 것입니다. 인간의 필요를 추구하지만 그것은 결과적으로 하나님의 나라에 기여해야 합니다. 하나님의 나라가 빠진 그리스도인의 기도는 의미가 없습니다. 이런 면에서 하나님의 뜻과 하나님의 나라 건설은 기도에서 중심뼈대입니다.

하나님의 나라는 먹고 마시는 것이 아닌 평강과 희락과 의를 세우는 것입니다. 물질적인 것이 아닌 관계를 회복함으로 주어지는 하나님의 평강이라 할 수 있습니다.

4_ 인간은 죄인이기에 늘 악과 시험에서 자유로울 수 없습니다. 그리스도인은 이것을 늘 염두에 두고 기도해야 합니다. 아무리 구하는 기도가 이루어지더라도 그것이 우리를 죄악에 빠지게 하는 것이라면 헛것입니다. 목표를 이루고 소원을 성취한다 해도 죄에 빠지는 것이면 하나님의 나라와는 관계가 없습니다.

시험을 이기는 것은 우리 힘으로 안됩니다. 특히 악한 영과의 싸움이기에 늘 깨어서 기도하는 것이 필요합니다. 하나님의 도움을 구하는 것이 절대적입니다. 하나님이 함께하지 않으면 우리가 아무리 무엇을 이룬다 해도 한순간에 사라지고 맙니다. 인간의 마음은 악해서 욕심이 계속 자라게 되어 있습니다. 성령의 인도하심을 받지 않으면 한순간에 유혹에 빠지는 것이 인간입니다.

05 기도할 때는?

말씀의 살핌

1_ 기도는 영혼의 호흡입니다. 그러므로 항상 기도해야 하고 낙심하지 말고 계속 기도해야 합니다.

2_ 낙심치 않고 계속 번거롭게 구하니까 비록 불의한 재판관이라 할지라도 과부의 구하는 청을 들어주었습니다.

3_ 과부는 늘 와서 재판관을 괴롭게 하였습니다.

4_ 불의한 재판관도 들어주는데 택한 자가 밤낮 구하는 기도는 하나님이 당연히 들어주십니다. 오래 참지 않고 속히 응답해 주실 것입니다. 그러나 믿음이 없으면 이렇게 간절히 계속 구하기 어렵습니다.

5_ 간절히 쉬지 않고 낙심치 않고 기도하면 하나님은 우리의 소원을 들어주십니다. 이것을 통해 기도하는 자의 믿음을 발견할 수 있습니다.

6_ 바리새인의 기도는 다른 사람보다 나은 것을 자랑하는 교만한 기도입니다. 자기를 드러내는 기도입니다. 금식과 십일조를 자랑하는 기도입니다. 그러나 세리의 기도는 자기의 죄를 고백하는 죄인의 기도입니다. 자기를 낮추는 겸손한 기도입니다.

7_ 바리새인과 세리의 기도 비유는 자기를 의롭다고 생각하고 다른 사람을 멸시하는 사람들을 향해서 말하는 내용입니다.

8_ 기도는 자기를 낮추는 것입니다. 기도를 통해 더욱더 자신이 낮아지는 것을 배워야 합니다. 기도는 자기를 변화시키는 것입니다.

말씀의 깨달음

1_ 항상 기도해야 하는 것은 하나님은 어디에나 계시기 때문입니다. 특별한 문제로 기도를 하지만 결국은 일상의 기도로 나아가야 합니다. 모든 것이 기도가 되어야 합니다. 우상을 향한 기도는 우상이 있는 곳에서만 하지만 하나님을 향한 기도는 모든 삶의 현장에서 할 수 있어야 합니다.

2_ 불의한 재판관도 간절히 구하고 괴롭게 하면 들어주는데 하물며 하나님은 간절히 구하고 쉬지 않고 청하는 자의 기도를 멸시치 않습니다. 꼭 응답해 주십니다. 한 번에 이루어지지 않는다 해도 그만두지 말고 응답될 때까지 기도하는 자세가 필요합니다. 적어도 그것이 하나님의 뜻에 부합된다는 믿음이 있다면 우리는 쉬지 않고 계속 기도해야 합니다.

우리는 바리새인 기도를 하기 쉬운데 그것은 사람을 의식하기 때문입니다. 기도는 하나님을 향해서 하는 것입니다. 하나님이 접수하시면 모든 것이 해결됩니다. 하나님이 들어주시면 언젠가는 해결해 주실 것입니다. 하나님은 언제나 내 때가 아닌 하나님의 때에 들어주십니다. 하나님의 때가 가장 좋은 때입니다. 이것을 찾는 것이 기도입니다.

3_ 하늘 보좌를 움직이는 기도는 믿음을 가지고 쉬지 않고 계속하는 기도입니다. 포기하지 않는 기도는 곧 믿음의 기도를 의미합니다. 믿음 없이는 그렇게 할 수 없습니다. 또 응답받는 기도는 겸손하게 자기를 낮추는 기도입니다. 자기가 죄인임을 인정하고 전적인 하나님의 은혜를 구할 때 하나님의 자비가 임합니다.

하늘 보좌를 움직이는 기도는 하나님의 마음에 들어야 합니다. 사실 기도는 하나님의 마음에 점차 들게 되는 과정과도 같습니다. 기도를 통하여 나의 마음과 하나님의 마음을 일치시키는 것입니다.

예수님의 기도 06

말씀의 살핌

1_ '함께' 라는 단어는 36절, 38절, 40절, 46절입니다.
기도는 주님과 함께 하는 것이고 주님과 함께 사는 것입니다.

2_ 겟세마네라 하는 곳입니다. 베드로와 야고보와 요한 세 제자를 데리고 가셨습니다.

3_ 예수님의 심정은 십자가의 죽음을 앞두고 있었기에 고민하여 죽게 된 심정이었습니다.

4_ 예수님은 제자들에게 함께 기도해 주기를 부탁했습니다. 그래도 세 명의 제자는 예수님의 죽음을 이해할 수 있기를 원했던 것 같습니다. 하나님의 뜻을 발견하도록 제자들에게 기도를 부탁했습니다. 사실 제자들에게 기도를 부탁한다는 것은 그동안 없었던 예수님의 행동이었습니다.

5_ 예수님의 인성은 자기가 죽게 된 것을 고민하고 슬퍼하는 것입니다. 이것은 예수님이 인성을 입으셨다는 것을 의미합니다. 예수님의 십자가 죽음은 인간으로서 당하는 아픔과 고통이었습니다. 그런 이유로 예수님은 우리의 모델이 될 수 있습니다.

6_ 예수님의 기도에 대해 정리를 해보면 다음과 같습니다.

기도의 장소는 한적한 곳입니다. 겟세마네 동산에서 기도하십니다. 이것은 골방에서 기도하는 것과 같습니다. 기도는 사람에게 자랑하는 것이 아닙니다. 그러므로 은밀한 곳을 찾아 하나님께 기도하는 것이 필요합니다.

기도의 자세와 모습은 자신을 죽이는 모습입니다. 자기를 맞추고 하나님의 뜻을 찾아가는 기도입니다. 우리의 기도는 나 자신의 뜻을 관철시키려는 기도가 많은데 예수님의 기도는 그것과 비교됩니다.

7_ 예수님의 기도에 제자들은 함께하지 못했습니다. 그것은 제자들이 예수님의 행동을 이해하지 못했기 때문입니다. 제자들은 오히려 잠을 자고 있었습니다. 예수님의 행동에 대해 심각성을 느끼지 못한 모습을 볼 수 있습니다.

8_ 예수님은 시험에 들지 않게 깨어 기도하라고 하십니다. 그러나 제자들은 마음은 원했지만 행동은 그렇게 하지 못했습니다. 기도하지 않으면 욕심이 생기고 하나님의 뜻을 분별하기 어려워집니다. 어려움이 생기고 분별이 안 될수록 우리는 기도에 힘써야 합니다. 그러면 하나님의 뜻이 기도를 통해 이루어질 것입니다.

9_ 예수님은 세 번의 기도를 통해서 하나님의 뜻을 확신했습니다. 그러자 마음에 평강이 찾아오고 자기의 길을 가는 데 갈등하지 않고 확신을 가지고 십자가의 길을 갔습니다. 기도를 하는 중에 하나님의 음성이 들립니다. 그래서 우리는 하나님과 대면해야 합니다. 하나님이 영으로 들려주실 때까지 하나님께 마음을 맞추는 것이 필요합니다.

예수님은 이제 제자들에게 자기를 위해 기도하지 말고 쉬라고 말합니다. 그것은 하나님께 응답을 받았기 때문입니다. 기도 응답을 받은 예수님의 모습을 그리고 있습니다.

10_ 예수님은 자신을 파는 자들을 당당하게 맞이하게 됩니다. 기도의 능력이 나타나는 모습을 보게 됩니다. 하나님의 뜻이 분명하게 정리가 되면 행동이 아주 힘있게 됩니다. 오늘날 우리의 기도 모습이 이러 해야 합니다. 기도 후에 나타나는 예수님의 당당함은 기도하지 못한 제자들의 비겁함과 대조가 됩니다. 기도한 사람과 기도하지 않은 사람의 차이점입니다.

말씀의 깨달음

1_ 제자들과 예수님은 겟세마네 동산에서 확연하게 갈라집니다. 기도한 예수님은 십자가의 길을 갈 수 있었지만 그렇지 못한 제자들은 도망을 갔습니다. 주님의 길은 인간의 힘으로 안됩니다. 오직 하나님이 도와주셔만 갈 수 있는 길입니다. 기도는 하나님의 도우심을 구하는 일입니다. 특히 어려운 문제에 부딪히면서도 기도하지 않는 것은 죄악입니다. 기도하지 않는 삶은 당연히 실패할 수박에

없습니다.

2_ 예수님은 제자들이 기도하지 못한 이유는 마음만 있고 육신이 연약해서라고 말합니다. 예수님은 제자들의 잘못을 무조건 책망하시지 않고 제자들의 연약함을 안타까워하십니다. 이것은 하나님의 일은 육신으로 하려고 해서는 안된다는 의미가 있습니다. 영으로 육신의 행실을 죽여야 합니다. 그러면 죽을 몸도 영으로 인하여 살게 됩니다. 더 적극적으로 기도에 힘쓰면서 육신의 연약함을 이겨야 합니다.

3_ 기도는 하나님의 뜻을 찾는 것입니다. 인간의 요구를 관철시키는 것은 기도가 아닙니다. 기도하기 전에 우리는 먼저 이 기도가 하나님의 뜻에 합한 것인지를 살펴보아야 합니다. 그리고 하나님의 뜻에 합한 것이면 간절하게 그 뜻을 이루기 위해서 기도해야 합니다.

하나님의 뜻을 발견했는데도 우리는 왜 기도해야 할까요 그것은 하나님의 뜻을 이루는 것이 쉽지 않기 때문입니다. 하나님의 뜻을 발견해도 그 뜻을 이루기 위해서는 자기 자신을 죽여야 합니다. 기도를 통해 자신을 죽이는 작업을 해야 합니다. 고난과 핍박을 여전히 감당해야 합니다. 이것은 하나님의 도우심이 없으면 불가능한 일입니다. 그런 이유로 기도는 절대적입니다. 기도 없이는 하나님의 뜻을 이룰 수 없습니다. 이것이 주님이 기도한 이유입니다.

사실 주님의 뜻을 발견하는 것은 쉽지 않습니다. 우리의 기도는 이것에 많은 시간을 할애해야 합니다. 이것만 발견하면 믿음을 가지고 실천하면 됩니다. 물론 실천도 내 힘이 아닌 기도로 얻은 힘으로 하는 것입니다.

4_ 기도하면 힘을 얻습니다. 우리는 기도를 통해 하나님이 주시는 힘을 얻습니다. 그러면 어떻게 기도를 통해서 힘을 얻습니까? 그것의 의미는 무엇입니까? 기도한 후에 예수님은 당당하게 십자가의 길을 갔습니다. 그 길은 죽음의 길이요 고난의 길입니다. 그럼에도 예수님은 혼자 그 길을 갔습니다. 그런 담대함이 나올 수 있었던 이유는 하나님의 뜻을 분명하게 알았기 때문입니다. 세 번에 걸쳐 아버지의 뜻을 알게 해 달라고 기도한 것에서 발견할 수 있습니다. 오늘 우리가 담대하게 힘을 얻으려면 하나님의 뜻을 찾아야 합니다. 그리고 그것에 대한 확신을 얻어야 합니다. 그러면 담대하게 앞으로 나아갈 수 있습니다. 그것에 목숨까지 걸 수 있습니다.

핵심뼈대 3 찬양과 함께

주제 목적

그리스도인의 생활 가운데 말씀, 기도와 더불어 생활과 밀접하게 연결된 것이 찬양입니다.

찬양은 신앙의 꽃입니다. 우리 신앙의 마지막은 찬양으로 열매를 나타내야 합니다.

찬양은 하나님만 높이는 것입니다. 하나님의 이름을 드러내고 자랑하는 것입니다.

신앙생활의 모든 것은 궁극적으로 하나님을 찬양하는 것과 관련이 있습니다. 하나님의 찬양으로 이어지지 못하면 결국은 인간의 욕심을 위한 것이 됩니다.

주제 진행

1과 : 마리아의 찬양을 통해 하나님과의 관계를 재확인하고 찬송의 본질을 알아봅니다.

2과 : 시편 찬양을 통해 하나님과의 관계를 재확인하고 찬송의 본질을 살펴봅니다.

3과 : 새 노래로 부르는 찬양을 살펴봅니다. 찬양은 하늘나라에서도 계속되는 일로 영원한 것입니다. 새 노래는 구원받은 백성들이 날마다 찬양하는 것입니다.

영으로 찬양하라 07

말씀의 살핌

1_ 마리아의 송가라고도 하는 본문의 구조를 살펴보면 다음과 같습니다.

1) 자신에게 임한 은혜를 찬양하고 감사하는 내용(46-48)

2) 마리아에게 임한 은혜가 일반 사람에게도 임한 내용(49-50)

3) 높은 자를 낮추시고 낮은 자를 높이시는 하나님의 심판(51-53)

4) 약속을 성취하시는 하나님(54-55)

2_ 거룩하신 하나님, 긍휼의 하나님, 능력의 하나님.

3_ 마리아는 영혼으로 주님을 찬양하고 있습니다. 찬양은 일반 노래가 아닌 영적인 노래입니다. 살아 있는 영으로 찬양해야 합니다.

4_ 하나님 한 분이십니다. 우리가 경배하고 찬양해야 할 분은 하나님 한 분밖에 다른 분은 없습니다.

5_ 마음으로 하나님을 기뻐하며 찬양합니다. 마음을 다해 하나님 자체를 즐거워해야 합니다. 나의 삶에서 하나님이 즐거움이 될 때 찬양은 자연스럽게 이루어집니다.

6_ 자신의 비천한 모습을 돌아보시고 복을 주셨습니다.

7_ 권세 있고 교만한 자는 흩으시고 비천하고 겸손한 자는 높이십니다. 주린 자는 좋은 것으로 배불리시고, 부자는 빈손으로 보내셨습니다.

8_ 조상 아브라함에게 말씀하신 것을 기억하시고, 그 약속을 지키시는 하나님이십니다.

말씀의 깨달음

1_ 영혼으로 찬양한다는 의미는 인간의 힘으로 노래하는 것이 아닌 성령의 인도하심에 따라 찬양하는 것을 말합니다. 종종 인간을 찬양하는 사람들이 있습니다. 이것은 인간적인 생각과 목적을 가지고 찬양하는 것입니다. 사람을 즐겁게 하는 노래가 이런 경우입니다. 그러나 영으로 찬양하는 것은 하나님을 즐겁게 하며 하나님을 생각하며 찬양하는 것을 말합니다. 하나님의 영에 감동하여 기뻐하고 즐거워하는 것이 영으로 찬양하는 것입니다

2_ 마리아는 하나님의 성품에 근거하여 찬양하고 있습니다. 거룩하시고 전능하신 하나님에 대해 찬양합니다. 특히 자신에게 베푸신

하나님의 은혜를 생각하면서 찬양합니다. 찬양은 얼마나 하나님의 은혜를 받는냐에 따라 결정됩니다. 찬양은 은혜의 결과로 나오는 신앙의 열매입니다. 찬양하는 삶을 보면 그것이 어떤 신앙인지 알 수 있습니다.

3_ 찬양은 겸손한 자가 행하는 일입니다. 교만한 자는 하나님을 찬양하지 않습니다. 노래는 부를 수 있지만 진정으로 하나님을 기뻐하지 않습니다. 하나님을 주님으로 인정하고 살아가는 사람은 당연히 모든 일에서 하나님을 찬양하게 됩니다. 이렇게 찬양하는 자에게 하나님은 복을 주십니다. 배부르게 하시고 높이십니다. 하나님은 하나님을 좋아하는 자를 당연히 축복하실 것입니다. 찬양하는 자에게 힘과 은혜를 주실 것입니다. 찬양하면 할수록 찬양은 더욱더 깊어지고 하나님과의 관계가 좋아집니다.

08 노래하면서 예배하라

말씀의 살핌

1_ 하나님을 믿는 사람은 구원의 하나님을 노래하고 즐겁게 외치면서 찬양해야 합니다. 감사함으로 하나님을 찬양해야 합니다.

2_ 하나님은 크신 분이시기 때문입니다. 모든 신들보다 크신 왕이기 때문입니다.

3_ 땅의 모든 것과 산의 높은 것과 바다의 모든 것들은 하나님이 만드신 것입니다.

4_ 하나님을 경배하고 무릎을 꿇는 일입니다. 이것은 창조주에게만 해당되는 일입니다.

하나님을 찬양한다는 것은 이런 하나님을 인정하는 것을 의미합니다.

5_ 하나님은 우리의 주인이십니다. 우리는 그가 기르시는 백성입

니다. 하나님이 돌보시는 양입니다. 이런 주인이신 하나님을 인정한다면 당연히 그분의 음성을 듣고 순종해야 합니다.

6_ 광야에서 행한 므리바와 맛사 사건은 하나님을 불순종한 과거의 일을 말합니다.

7_ 하나님이 행한 기적을 보고서도 하나님을 시험했습니다.

8_ 하나님께 불순종했습니다. 결국 가나안 땅에 들어가지 못하고 광야에서 다 죽었습니다.

말씀의 깨달음

1_ 하나님을 찬양하는 것은 나의 모든 것을 다 바친다는 것입니다. 우상을 향해 찬양하는 사람들은 자신의 욕망을 위해서 찬양하는 경우가 많습니다. 그러나 하나님을 찬양하는 사람은 자신의 모든 것을 헌신하는 마음으로 찬양합니다. 우상을 찬양하는 사람은 물질적인 것에 초점이 있습니다. 그러나 그리스도인의 찬양은 인격적인 것과 관련이 있습니다. 무엇을 얻어내는 것보다 모든 것의 근원이신 주님을 만남으로 인하여 그분이 주시는 선물을 받는 데 있습니다. 적어도 하나님을 찬양하기 위해서는 하나님이 나의 구원자요, 창조주임을 인정해야 합니다.

이렇게 보면 찬양은 신앙고백이 중요합니다.

2_ 하나님을 찬양하는 것은 하나님 앞에 자신을 드리는 것이요,

겸손하게 자신을 낮추는 것입니다. 이것은 하나님이 행하신 일과 연관이 있습니다. 우상은 우리를 위해서 행한 일이 없습니다. 우상은 인간을 만들지 않았습니다. 오히려 인간이 우상을 만들었습니다. 그것을 보면 우상은 찬양의 대상이 아님을 분명하게 알 수 있습니다. 그러나 하나님을 찬양하는 것은 하나님이 하신 일을 기억하며 그것을 찬양하는 것입니다. 하나님이 그동안 우리에게 행하신 일을 묵상하면 자연스럽게 하나님을 찬양하게 되고 그 앞에 무릎을 꿇게 됩니다. 하나님을 찬양한다는 것은 하나님이 하신 구원사와 관련이 있습니다.

3_ 인간은 하나님을 찬양하도록 창조되었습니다. 인간은 하나님을 찬양하면서 살도록 만들어진 존재입니다. 이 땅의 피조물은 모두가 하나님을 찬양합니다. 자연을 보면 모두가 자연을 만드신 하나님을 찬양합니다. 그들은 자신을 위해서 존재하지 않고 하나님의 창조를 드러냅니다. 그런데 인간만이 자기의 욕망을 드러냅니다. 오직 자기를 위해 하나님을 이용하기도 합니다. 인간의 이런 죄악이 결국 하나님을 찬양하지 못하게 합니다. 그리고 하나님보다 자신을 높이려고 합니다. 하나님을 찬양하는 사람은 자신을 하나님 앞에서 낮추는 겸손한 사람입니다. 우리의 모든 신앙생활은 궁극적으로 하나님만을 높이기 위해서 존재합니다. 그리스도인은 점차 이것을 이루어 가도록 노력해야 할 것입니다.

성경을 보면 이런 인간의 교만함이 반복하여 나타나고 있습니다. 찬양을 거부하는 인간의 죄악된 모습으로 가득 차 있습니다.

새 노래로 찬양하라 09

말씀의 살핌

1_ 새 노래로 찬양하라고 말합니다. 모든 모임 가운데 찬양하라고 말합니다. 성도의 모임 속에서 해야 할 일은 하나님을 찬양하는 일입니다. 성도와 교회가 모이는 것은 결국 하나님을 찬양하기 위해서입니다.

2_ 이스라엘이 하나님을 즐거워하는 이유는 하나님이 자신을 만드시고 선택하셨기 때문입니다. 그러므로 이스라엘은 당연히 하나님을 찬양하고 높여야 합니다.

3_ 하나님은 자신이 구원한 백성과 선택한 백성을 기뻐하십니다. 겸손한 자를 찾으십니다. 그런 자를 구원하시기 원하십니다.

4_ 우리가 하나님을 찬양해야 하는 이유는 하나님이 행하신 일 때문입니다. 우리를 위하여 베푸신 일을 생각하면 찬양하지 않는 것이 이상합니다. 특히 우리를 지으시고 인도하시고 살게 하신 것을 생각

하면 우리는 그분을 높이지 않을 수 없습니다.

5_ 하나님을 찬양할 때 우리는 모든 악기를 동원하여 해야 합니다. 이 세상에 주신 모든 것은 하나님을 찬양하도록 주신 도구입니다. 그런 면에서 소리 나는 도구를 가지고 하나님을 찬양하는 데 사용하는 것은 당연합니다.

6_ 호흡이 있는 모든 사람들은 하나님을 찬양해야 할 이유가 있습니다. 현재 내가 존재하는 것은 모두가 하나님의 은혜입니다. 그것을 생각하면 우리는 하나님을 찬양할 수밖에 없습니다. 살아 있는 것 자체가 기적이요 호흡하는 것이 감사합니다. 이렇게 보면 살아 있는 모든 사람은 하나님을 당연히 찬양해야 합니다. 하나님을 찬양하지 않는 것은 자신의 생명의 근원을 무시하는 악한 것입니다.

말씀의 깨달음

1_ 그리스도인은 새 노래로 하나님을 찬양해야 합니다. 여기서 새 노래란 무엇일까? 새 노래는 구원받은 사람들이 날마다 찬양하는 것입니다. 매일매일 하나님의 구원을 경험하고 깨달으면서 날마다 새 노래를 부를 수 있습니다. 우리를 만드신 하나님도 감사하지만 죄악된 우리를 구원해 주신 주님의 은혜 또한 감사합니다. 그것을 생각하면 날마다 하나님을 찬양해야 합니다. 이미 정해진 악보와 다른 사람이 지은 노래를 그대로 부르는 것이 아니라, 그것을 나의 고백으로 만들어 새로운 마음으로 부르면 그것이 곧 새 노래가 됩니다.

2_ 하나님을 찬양하는 것은 입으로만 하는 것이 아닙니다. 모든 것을 동원하여 찬양해야 합니다. 우리의 삶이 모두 하나님의 찬양거리가 되어야 합니다. 그러므로 찬양은 집회에서만, 아니면 예배에서만 이루어지는 것이 아니라 우리가 살아가는 모든 생활에서 이루어져야 합니다. 하나님은 어디에나 거하십니다. 그러므로 어디나 하나님을 찬양하는 장소가 됩니다. 항상 기도하고 어디서든지 기도할 수 있듯이 그리스도인은 모든 곳에서, 모든 일을 통해서 찬양할 수 있어야 합니다. 찬양이 우리의 생활로 이어지지 못하는 가장 큰 이유는 하나님을 나의 범위로 제한하기 때문입니다. 하나님이 광대하시고 위대하신 분이라고 생각한다면 우리의 모든 삶으로까지 나아가는 그런 찬양이 되어야 합니다.

3_ '호흡이 있는 자가 찬양하라'의 의미는 살아 있는 모든 것은 하나님을 찬양하라는 뜻과도 같습니다. 살아 있는 것 하나만으로도 우리는 하나님을 찬양할 근거가 충분합니다. 우리의 존재가 곧 하나님을 찬양할 이유가 됩니다. 이렇게 보면 모든 인간이 하루하루 살아갈 때 하나님을 찬양하는 것은 당연한 일입니다. 그러나 그렇게 하지 못하고 있는 경우가 얼마나 많습니까? 모든 인간은 하나님을 찬양하면서 살아갈 수밖에 없습니다. 그럼에도 하나님을 거부하고 자신을 드러내는 인간적인 모습은 안타깝습니다.

엔크리스토 제자양육성경공부

인도자지침서

5 사역과정

변화된 사람

다지기 1 순종의 삶

주제 목적

순종은 그리스도인의 삶에서 매우 중요한 위치를 차지합니다. 신앙생활은 결국 얼마나 주님께 순종하느냐에 달려 있습니다. 신앙생활에 실패하는 이유는 순종하지 않아서입니다. 물론 여기서 순종은 하나님의 말씀에 대한 순종을 의미합니다. 순종하는 자에게 하나님은 은혜를 주십니다.

주제 진행

1과 : '온전한 순종' 은 사울의 불순종을 통해서 온전한 순종이 왜 필요한지를 보여주고 있습니다.

2과 : '불순종과 순종' 은 아담과 그리스도를 비교하면서 아담의 불순종으로 인간에게 죄가 들어왔지만 그리스도의 순종이 인류에게 구원을 가져다 준 내용을 살펴볼 것입니다.

3과 : '순종의 학교' 에서는 오병이어의 사건을 통해 순종이 얼마나 놀라운 결과를 가져다 주는지 살펴보게 됩니다.

01 온전한 순종

말씀의 살핌

1_ 지명은 지도를 참조하여 살펴보도록 합니다.

2_ 이스라엘 왕은 하나님의 말씀을 듣는 것이 일차 임무입니다. 통치하는 일은 그 다음입니다. 나라의 통치는 하나님의 음성을 듣고 그것에 따라 실천하는 것입니다.

3_ 아말렉 족속을 완전히 멸하라고 말씀하신 것입니다.

4_ 그것은 이스라엘이 애굽을 나올 때 대적했기 때문입니다. 하나님은 이들을 사람 뿐 아니라 모든 소유를 남기지 말고 진멸하라고 하셨습니다. 반면에 겐 사람은 아말렉 사람 중에서 떠나가라고 말합니다. 그것은 애굽에서 올라올 때에 이스라엘을 선대했기 때문입니다. 이것은 아브라함에게 주신 복을 그대로 이루는 의미를 담고 있습니다. 아브라함을 축복하는 자에게는 축복하고 저주하는 자에게는 저주하는 것을 그대로 이루는 것입니다.

5_ 사울은 하나님의 명령을 실천했지만 부분적으로 순종했습니다. 자기 중심으로 하나님의 말씀을 들었고 행동했습니다. 아말렉의 아각 왕과 가장 좋은 것과 기름진 것과 어린 양과 좋은 것은 남기고 가치 없고 하찮은 것은 진멸했습니다.

6_ 사울의 행동에 하나님은 사울을 왕으로 삼은 것을 후회하셨습니다. 그것은 하나님의 명령을 따르지 않았기 때문입니다. 사무엘은 근심하며 하나님께 부르짖었습니다. 이런 와중에도 사울은 자신을 위하여 기념비를 세우는 교만함을 드러내고 있습니다. 자기가 한 일에 대해 아무런 죄책감이 없이 오히려 자기를 드러내는 일에 힘을 쏟았습니다.

7_ 사울은 자신이 하나님의 명령을 행했다고 말합니다. 사무엘이 양의 소리를 듣고 문제를 제기하자 사울은 백성들이 한 것이라고 핑계를 댑니다. 그것을 남긴 것은 하나님께 제사하려 한 것이라고 말합니다. 하나님 앞에서 자기합리화를 하는 악한 모습을 봅니다.

8_ 사울은 처음에 자기를 낮추는 겸손함이 있었지만 왕이 되면서 교만하여 하나님의 말씀을 어기는 일을 행했습니다. 하나님의 말씀을 순종하지 않는 일은 그 어떤 일보다 악한 일이었는데 사울은 그것을 몰랐습니다.

9_ 사울은 자신의 잘못을 지적하는 사무엘에게 반복하여 백성들이 하나님께 제사하기 위하여 한 일이라고 핑계를 대면서 문제의 심각성을 깨닫지 못합니다.

10_ 하나님이 원하시는 것은 순종입니다. 제사는 외적인 것이고 순종은 중심입니다. 하나님은 외형적인 행동보다는 중심에서 우러나오는 마음을 보십니다.

말씀의 깨달음

1_ 하나님이 우리에게 완전한 순종을 원하는 이유는 하나님이 완전하시기 때문입니다.

부분 순종은 온전히 하나님을 사랑하는 것이 아닙니다. 하나님도 섬기고 세상도 섬기는 이중적인 행동은 순수한 신앙이 아닙니다. 그리스도인은 하나님 한 분만 사랑해야 합니다. 순종은 100% 순종이 되어야 합니다. 그렇지 않은 순종은 하나님의 마음에 합하지 않습니다. 왜냐하면 하나님은 온전하시기 때문입니다.

사울은 부분적인 순종을 했습니다. 그리고 자기가 하나님께 순종한 부분을 드러내며 합리화했습니다. 인간적인 생각으로 하나님을 섬길 때 이런 문제가 나타납니다. 하나님의 법이 아닌 자기 생각으로 하나님을 섬기는 것은 위험한 것입니다.

문제는 인간의 100% 순종이 세상에서는 힘들다는 점입니다. 인간은 죄악된 모습을 지녔기에 온전히 하나님을 따르기는 어렵습니다. 그렇다면 온전한 순종을 어떻게 이해해야 할까요? 그것은 법으로써보다는 중심으로 최선을 다하는 마음을 갖는 것으로 이해될 수 있습니다. 평가는 인간이 아닌 하나님이 하시는 것입니다. 하나님이 보시는 온전함과 인간이 생각하는 계산적인 온전함은 차이가 있습니다. 겉으로는 100% 다 한다 할지라도 마음으로 다른 생각을 가지고 있다면 그것은 100% 순종하는 것이 아닙니다.

2_ 신앙에 순종이 중요한 이유는 거기에 우리의 모든 마음이 들어 있기 때문입니다. 순종은 마음의 표현입니다. 하나님에 대해 어떤 마음을 가지고 있는가가 순종을 통해 나타납니다. 그것을 위해서는 하나님의 뜻이 먼저 분별되어야 합니다. 그렇게 할 때 자신의 모든 것을 드릴 수 있습니다. 순종은 생각과 마음에서 나옵니다. 하나님의 뜻을 행할 마음이 없으면 하나님의 뜻이 보이지 않습니다. 순종을 하기 위해서는 어떤 생각을 가지고 있느냐가 중요합니다. 강압적으로나 형식적으로 순종을 하게 되면 바리새인처럼 외식적인 것이 될 수 있기에 조심해야 합니다. 마음에서 우러나와야 자발적인 순종이 이루어집니다.

3_ 예수님은 순종으로 우리를 구원하셨습니다. 예수님이 하나님께 순종하지 않았다면 인간은 구원받을 수 없었을 것입니다.구원은 순종을 통해서 이루어졌습니다.

이것은 우리의 믿음이 결국은 순종을 통해서 자라가고 이루어짐을 말하고 있습니다. 순종은 자기 자신을 죽이는 것입니다. 자아가 강하면 순종은 힘듭니다. 자기의 뜻이 하나님의 뜻보다 우선인 사람은 하나님의 뜻에 순종하기 힘듭니다. 순종은 우리의 믿음을 점검하는 척도입니다. 내가 하나님 앞에서 얼마나 죽었는지를 알 수 있습니다. 순종한 만큼 내가 죽는 것입니다.

02 불순종과 순종

말씀의 살핌

1_ 본문에서 한 사람은 각각 두 인물로 생각할 수 있습니다. 죄를 지은 한 사람은 아담을 의미하고, 구원한 한 사람의 순종은 예수님을 의미합니다.

2_ 죄는 아담이 범죄함으로 인하여 세상에 들어왔습니다. 아담은 인류의 대표자입니다.

3_ 율법이 있기 전에는 죄를 죄로 여기지 않았습니다. 그래서 아담에서 모세까지, 아담의 범죄와 같은 죄를 짓지 아니한 자들에게도 사망이 왕노릇하였습니다. 그들은 죄에서 제외될 수 없었습니다. 양심이 법에 의해 그들은 정죄를 받게 됩니다.

4_ 아담은 오실 자의 모형이라는 것에서 '오실 자'는 예수님을 의미합니다.

5_ 한 사람의 범죄가 많은 사람들에게 죄를 가져왔습니다. 결국 모든 사람이 죄인이 되었습니다.

6_ 한 사람이 죄를 지음으로 모든 인류가 죄의 지배를 받게 되었습니다. 결국 죄가 가져온 사망이 인간을 지배함으로 멸망에 이르게 했습니다.

7_ 한 사람 예수 그리스도로 말미암아 모든 인류가 구원에 이르게 되었습니다. 그 예수님은 순종을 통해서 많은 사람이 의인이 되는 길을 열어 놓으셨습니다. 그러나 아담의 불순종으로 모든 인류가 죄인이 되었습니다.

8_ 한 사람의 순종으로 많은 사람이 구원에 이르게 되었습니다. 구원은 영생입니다.

말씀의 깨달음

1_ 죄는 불순종으로 인한 것입니다. 의는 순종을 통해 이루어집니다. 여기서 불순종은 하나님의 명령을 어기는 것입니다. 하나님의 뜻에 따르기보다는 자신의 욕심을 따르는 것이 잘못입니다. 인간은 죄인이기에 본질적으로 불순종할 수밖에 없는 존재입니다. 스스로 순종에 이를 수 없습니다. 그래서 하나님은 인간이 순종에 이르게 하기 위해 예수님을 순종의 모델로 보여주셨고 그 본을 따라 순종하게 했습니다. 예수님 자신이 순종을 통해서 인간의 죄를 입고 의인이 되는 길을 열어 놓으셨습니다. 우리는 이런 주님의 은혜로 인하여 구원을

얻었고 영생에 이르게 되었습니다. 하나님이 인간을 위해 자신을 내어놓는다는 것은 어렵습니다. 그런데 이런 불가능한 일을 하나님이 하셨습니다. 스스로 인간이 되셔서 순종함으로 인류가 의인이 되는 길을 열어 놓으셨습니다. 생각하면 이보다 놀라운 일이 없습니다.

2_ 한 사람 아담의 불순종으로 인하여 모든 인류가 그 영향을 받게 되었습니다. 결국 인간은 죄악된 속성으로 인하여 하나님을 순종하기보다는 불순종하는 상황에 이르게 되었습니다. 우리 안에는 아담의 죄악성이 그대로 있어서 아담과 같은 죄를 범하고 있습니다. 의에 순종하기보다는 죄에 순종하는 상황입니다. 우리 힘으로는 불순종의 사슬을 끊을 수 없습니다. 결국 하나님의 아들이신 예수님이 오심으로 문제를 해결하게 되었습니다. 우리가 못하는 일을 예수님이 대신 순종하심으로써 우리가 의에 순종할 수 있는 길을 열어 놓으셨습니다. 우리가 죄의 종이었던 모습에서 이제 의에 순종하며 구원에 이르게 된 것은, 주님이 주신 교훈의 본을 마음으로 순종하면서 죄에서 해방되었기 때문입니다. 그리스도인의 거룩함은 우리의 힘으로 되는 것이 아니고 의의 종이 됨으로서 이룰 수 있는 일입니다.

3_ 그리스도인의 신앙은 예배나 의식에 의해 자라는 것이 아니라 순종에 따라 그 성장이 좌우됩니다. 하나님의 아들이라도 고난에 순종하셨습니다. 하물며 인간들은 순종을 더 배워야 합니다. 순종은 사랑에 의해 결정됩니다. 사랑하면 순종하는 것이 쉽습니다. 그러나 사랑이 식어지면 불순종하게 됩니다. 사랑 없이 순종하려면 힘듭니다. 그러나 사랑으로 순종하는 것은 즐거운 일이 됩니다.

순종의 학교 03

말씀의 살핌

1_ 장소는 디베랴 갈릴리 바다 건너편입니다. 때는 유월절 명절이 가까웠습니다. 등장인물은 예수님, 안드레, 빌립입니다.

2_ 표적을 보고 따라다녔습니다.

3_ 예수님은 빌립에게 사람들에게 어떻게 떡을 먹일 수 있는가 하는 질문을 던졌습니다.

이것은 예수님이 빌립을 시험하고자 함이었습니다.

4_ 빌립은 각 사람이 조금씩 떡을 먹는다 해도 이백 데나리온의 떡이 부족하다고 했습니다. 이백 데나리온은 일백 일 동안의 임금에 해당되는 돈입니다. 도저히 불가능하다는 것입니다.

5_ 제자 안드레는 보리떡 다섯 개와 물고기 두 마리를 가지고 와서 문제를 해결해 보려고 하지만 사람들이 너무 많아서 과연 이것을

해결할 수 있는가 하고 물었습니다.

6_ 예수님은 사람들을 잔디에 앉게 하십니다. 그 수가 남자만 오천 명쯤 되었습니다. 대단히 많은 수입니다. 그리고 떡을 가져 축사하신 후에 앉아 있는 자들에게 나누어 주셨습니다. 다른 복음서는 제자들에게 떡을 나누어 주도록 했다고 기록하고 있습니다.

7_ 제자들에게 남은 것을 거두게 하자 열두 바구니에 가득 찼습니다. 제자들은 엄청난 기적을 직접 눈으로 경험했습니다. 도저히 일어날 수 없는 일을 목격한 것입니다. 예수님이 제자들에게 직접 나머지를 거두게 한 것은 스스로 그것을 확인하게 하려는 의도가 있습니다.

8_ 이런 표적을 통해 사람들은 예수님을 보고 세상에 오실 그 선지자라고 말했습니다. 이것은 예수님이 구원자이심을 보이기 위한 것이었습니다. 오병이어는 단순히 사람들의 배를 채우는 것 이상이었습니다.

말씀의 깨달음

1_ 예수님의 요구에 제자들은 순종하기 어려웠을 것입니다. 물고기 두 마리와 보리떡 다섯 개로 오천 명을 먹인다는 것은 불가능한 일이었기 때문입니다. 그럼에도 제자들은 주님의 말씀에 순종하였고 그 결과 놀라운 일을 경험했습니다. 순종하기 전까지는 기적을 경험하지 못합니다. 믿음이 없으면 순종이 불가능합니다. 주님을 믿고 순종하는 순간 기적은 일어납니다. 어려운 문제를 만났을 때 우리는

주님의 말씀에 따라 순종하는 법을 배워야 합니다. 자신의 뜻대로 가기보다는 하나님의 뜻에 순종하는 법을 배워야 합니다. 자신의 생각으로 판단하는 어리석음에서 벗어나는 것이 중요합니다. 예수님은 지금 제자들에게 이것을 가르치려고 한 것입니다. 순종의 역사가 얼마나 놀라운 것인지를.

2_ 우리는 하나님의 뜻을 몰라서 순종 못 하는 경우가 있습니다. 그러나 하나님의 뜻임을 분명히 알면서도 그 뜻에 순종하지 못하고 그것을 따르지 않는 경우가 더 많습니다. 그것은 우리 자신의 뜻이 너무 강하기 때문입니다. 하나님의 말씀에 순종하지 못하는 것은 결국 내 자신의 의지와 생각에 지배를 당하기 때문입니다. 하나님이 우리에게 순종을 요구하시는 것은 우리 자신의 뜻을 포기하기 위해서입니다. 나는 순종의 가장 큰 걸림돌입니다.

3_ 오병이어의 기적을 통해 우리가 발견하는 영적 교훈은 아무리 작고, 어려워 보이는 일이라도 하나님이 함께 하시면 불가능한 일이 없다는 것입니다. 하나님께 순종하면 내가 이루는 것이 아니라 하나님이 이루십니다. 순종하지 않을 때는 내가 이루는 것이 되지만 나의 뜻을 포기하고 순종하면 하나님이 이루십니다. 하나님이 우리에게 순종을 요구하시는 것은 하나님이 이 일을 이루시려 하기 때문입니다. 자신의 작은 지식과 경험과 생각을 내려놓는 일이 일어날 때 우리는 하나님의 역사의 주인공이 될 수 있습니다.

다지기 2 교제의 삶

주제 목적

교제는 교회공동체에서 매우 중요한 주제입니다. 교회는 몸된 공동체입니다. 성도들은 지체된 모습으로 서로 유기적으로 연결되어 있습니다. 그리스도를 머리로 하여 온 교회가 하나된 것입니다. 서로 하나되게 하는 것은 교제를 통해서 가능합니다. 교제가 사라지면 소통이 안 되므로 교회가 병들게 되고 신앙 역시 자라지 않게 됩니다. 건강한 교회는 지체 간에 교제가 활발하게 이루어집니다.

주제 진행

1과 : 사도행전을 통해 초대교회의 모습을 살피는 데 있습니다. 성도의 교제가 잘 이루어진 초대교회의 모습은 우리에게 도전을 주기에 충분합니다.

2과 : 몸된 지체로서 교제입니다. 이것은 교회 속에서의 교제를 말합니다. 성도들이 어떻게 교제를 이루어야 하는지를 보여주고 있습니다.

3과 : 하나님과 이웃과의 교제에 대해서 말하고 있습니다. 교제의 이중성입니다. 이중 어느 하나만 이루어져서는 안됩니다. 하나님과 이웃과의 교제가 잘 될 때 진정한 신앙에 이르게 됩니다.

성도의 공동생활 04

말씀의 살핌

1_ 초대교회가 보여준 교회의 5가지 모습은 교육, 교제, 예배(기도), 봉사(나눔), 전도(선교)입니다.

2_ 사도들로 인하여 표적과 기사가 많이 나타났습니다.

3_ 그리스도인의 교제의 기본적인 원칙은 재산과 필요를 따라 나누는 일입니다. 서로 나눔이 있는 실제적인 교제가 일어났습니다.

4_ 이웃과는 물질을 나누고 음식을 나누며 교제했습니다. 하나님을 향해서는 하나님을 찬미하며 성전에 모이기를 힘쓰고 집에서 성찬을 행했습니다. 모두 교제에 해당되는 것입니다.

영적 교제와 육적인 교제가 함께 이루어지는 것을 볼 수 있습니다.

5_ 날마다 마음을 같이하여 교회에 모이고 서로 나누는 일입니다.

6_ 교회 안에서 좋은 교제를 통하여 교회가 건강하면 이웃 사람들에게 칭찬을 받으면서 부흥은 자연적으로 일어납니다. 내부적인 건강성이 외부적 건강을 이루어 낸다는 것을 보여주는 예입니다. 자연적인 교회성장의 모습을 보여주는 대목입니다.

말씀의 깨달음

1_ 교회는 하나님의 부름을 받은 사람들의 모임입니다. 하나님과 인간이 함께 공존하는 공동체입니다. 사람만 모인다고 그것이 교회가 되는 것은 아닙니다. 그 안에서 하나님을 경외하는 신앙고백이 이루어져야 합니다. 하나님을 주인으로 고백하는 사람들이 모여서 교제를 나누고 건강한 교회를 이루면 이웃에게 칭송을 받아 자연적인 교회성장이 이루어집니다. 세상 공동체는 인간적인 모습으로만 구성된 모임입니다. 하나님이 주인이 아닌 인간이 중심이 되는 공동체입니다. 그러나 교회는 하나님이 주인이 되며 그 가운데 형제들이 모인 구별된 공동체입니다. 교회가 하나님이 아닌 인간이 주인이 되면 그 순간 세속적인 모습이 됩니다. 교회 공동체를 이루는 근간은 활발한 교제가 교회 안에서 이루어지는 것입니다.

2_ 초대교회는 마음과 물질의 나눔이 함께 이루어지는 공동체입니다. 오늘날 교회에서는 이것이 잘 일어나지 않습니다. 그것은 교회에 속한 공동체는 한 몸이라는 생각과 교제가 부족해서 일어나는 현상입니다. 물질이 있는 곳에 마음도 있습니다. 이것은 서로 연관되어 일어납니다. 생명 공동체가 아닌 명목상의 공동체 속에는 교제가 부족할 수밖에 없습니다.

3_ 교제에서는 무엇보다도 마음이 중요합니다. 마음이 먼저 하나가 안 되면 교제는 형식적일 수밖에 없습니다. 교회가 한 지체로서 생명을 느끼지 못하면 진정한 교제가 일어나지 못합니다. 성령이 우리 안에 있습니다. 모든 성도는 성령을 소유한 사람들입니다. 그렇다면 교회 공동체 속에 성령의 교통은 매우 중요한 부분입니다. 이것이 얼마나 이루어지느냐가 교회의 생명을 결정합니다. 마음이 하나되기 위해서는 하나님의 뜻에 순종함이 있어야 합니다. 사람의 생각으로 하나가 되는 것은 어렵습니다. 오히려 서로 다투게 됩니다. 그러나 하나님의 뜻을 따르면 누구든지 하나가 되고 마음을 나눌 수 있습니다. 하나님의 마음에 합한 사람이 되는 것이 중요합니다. 그러면 성도의 교제는 잘 이루어지게 됩니다.

05 몸과 지체로서 교제

말씀의 살핌

1_ 교회는 몸입니다. 몸에는 다양한 지체들이 있습니다. 그러나 그 다양한 지체들은 모두 머리를 향해 있고 하나된 마음으로 움직입니다. 교회는 통일성과 다양성의 두 기능이 있습니다. 몸의 비유는 그것을 잘 설명해 주고 있습니다.

2_ 교회 안에서 그리스도인은 서로 지체된 모습입니다. 서로 한 몸입니다. 따라서 교제가 이루어지지 않는다면 그것은 병든 지체입니다. 이렇게 보면 현대 교회에 교제가 많이 약화된 것을 알 수 있습니다.

3_ 몸에 있는 각 지체들은 하나님께서 원하는 대로 자신을 몸에 두었습니다. 몸에 속하는 위치는 인간이 스스로 자리를 정하는 것이 아니라 하나님이 정해 주십니다. 이것은 모든 지체들이 하나님의 뜻에 따라 움직인다는 것을 의미합니다. 하나님께 순종하는 모습입니다.

4_ 몸에서 일어나는 잘못된 모습은 서로가 각 지체들을 인정하지 않고 어느 한 지체만 인정하는 것입니다. 교회는 모두가 필요합니다. 작고 큰 것이 중요한 것이 아닙니다. 각 지체는 나름대로 의미가 있습니다.

서로 시기하고 다투는 것은 바로 이런 모습을 잘 인식하지 못해서입니다.

5_ 몸에서 가장 귀한 것은 약하게 보이는 것입니다. 작은 그것이 오히려 더 귀합니다.

6_ 균형 잡힌 성장이 있어야 건강한 교회입니다. 그렇게 하려면 서로 치우침이 없이 고르게 자라야 합니다. 이것을 이루는 데 지체들 간의 소통은 필수적입니다. 지체들의 교제가 약하면 이런 교회의 모습을 이루기 어렵습니다.

7_ 서로 아픔과 즐거움을 느낄 수 있어야 합니다. 이것은 교제가 잘 이루어질 때 가능한 일입니다. 교회가 이런 모습을 지닌다면 얼마나 좋을까요?

8_ 몸에서 가장 중요한 것은 각 지체들과의 교제입니다. 이것이 이루어지지 않으면 몸은 병들고 결국은 죽게 됩니다.

말씀의 깨달음

1_ 교회는 교제 공동체입니다. 왜냐하면 교회는 몸이며 생명공동

체이기 때문입니다. 생명은 나누어야 자라고 성장하며 살아날 수 있습니다. 교제가 사라지면 생명은 병들고 결국은 죽게 됩니다. 현대 교회에서 교제가 약한 이유는 사람 중심이 아닌 건물 중심으로 나아가기 때문입니다. 사람이 곧 교회입니다. 사람들의 숫자에 중심을 두고 외형에 매이기보다는 성도의 교제에 의미를 두는 것이 바른 교회의 모습입니다. 각 지체들이 잘 소통하는 그런 교회가 되도록 기도해야 할 것입니다.

2_ 현대 교회는 사람보다 외적인 건물에 집착하는 경향이 많습니다. 우리는 이것을 조심해야 합니다. 외적인 모양보다는 모인 성도들의 생명이 더 중요합니다. 생명의 교제가 일어나도록 관심을 갖고 교회를 세워 나가야 합니다. 서로 나누고 소통하며 사랑하는 그리스도의 몸을 세우는 그런 교회상이 필요합니다. 함께 모여 그리스도를 높이는 그런 교회가 된다면 얼마나 좋을까요?

06 하나님과 교제, 이웃과 교제

말씀의 살핌

1_ 하나님은 보이지 않는 영이십니다. 그 영은 생명이며 말씀을 통해 우리와 함께하십니다. 하나님은 빛과 같습니다. 빛은 어둠이 조금도 없습니다. 하나님은 완전한 분이십니다.

2_ 하나님과의 사귐에서 거짓은 어둠의 일을 행하는 것과 같습니다. 그 안에는 진리가 존재하지 않습니다. 빛 속에 어둠이 없듯이 거짓 속에는 진리가 없고 하나님이 함께 하지 않습니다.

3_ 죄가 있으면 교제가 일어나기 어렵습니다. 죄를 해결하기 위해서는 그리스도의 피가 필요합니다. 그리스도의 피를 믿으면 우리의 죄가 용서받고 드디어 하나님과의 교제가 이루어집니다.

4_ 만일 우리에게 죄가 없다고 하면 우리는 스스로를 속이는 것이고, 우리에게는 진리가 없는 것입니다. 주님과의 교제를 방해하는 것은 죄입니다. 우리는 죄가 생길 때 어떻게 해야 할까요?

죄를 자백해야 합니다. 자백하면 주님은 우리의 죄를 용서하시고 우리를 깨끗하게 해 주실 것입니다. 죄를 인정하는 것이 중요합니다.

5_ 새 계명은 참된 빛과 같습니다. 새 계명은 참된 것으로 그것은 우리의 어두운 마음을 빛으로 환하게 해 주는 역할을 합니다.

6_ 형제를 사랑하는 일입니다. 사랑하는 자는 빛 가운데 거하지만 미워하는 자는 어둠에 있는 것과 같습니다. 새 계명은 서로 사랑하는 것입니다.

7_ 형제를 사랑하는 것은 빛 가운데 거하는 것과 같습니다. 그런 사람은 거리낌이 없습니다.

진리 안에서 자유를 누리게 됩니다.

8_ 형제를 미워하는 순간 우리 마음은 어둠으로 가득 차고 그것이 결국은 눈을 멀게 합니다.

자기의 길을 알지 못하고 소경처럼 방황하게 됩니다.

말씀의 깨달음

1_ 하나님은 빛이십니다. 하나님은 어떤 경우에도 어둠과 함께 하지 않습니다. 어둠 속에서 하나님과 사귐을 갖는 것은 불가능합니다. 형제들과 좋은 교제를 이루고 사랑하는 것은 하나님과의 교제가 잘 이루어지는 것을 의미합니다. 형제를 미워하면 하나님과의 교제를 이룰 수 없습니다. 만약 형제를 미워하면서 하나님을 사랑한다고 하

면 그것은 거짓입니다.

빛과 어둠은 적대관계이기에 서로 공존할 수 없습니다.

2_ 하나님과의 사귐을 방해하는 것은 인간이 지은 죄입니다. 죄가 있으면 하나님과의 교제를 이룰 수 없습니다. 그러나 문제는 인간이 지은 죄를 인간 자신이 해결할 수 없다는 점입니다.

인간의 힘으로 해결할 수 없는 죄를 주님이 해결해 주셨습니다. 결국 하나님과의 교제는 인간의 노력으로는 안 되고 주님의 십자가의 피를 통해서만 가능합니다. 하나님과 인간의 교제가 힘든 것은 예수님의 피의 은혜를 잊어버려서입니다. 이것을 회복한다면 우리의 교제는 잘 이루어질 수 있습니다. 십자가의 사랑이 빠진 교제는 진정한 교제가 될 수 없습니다.

3_ 새 계명은 서로 사랑하는 것입니다. 십계명의 핵심은 하나님 사랑과 이웃 사랑입니다. 하나님이 계명을 주신 것은 사랑하기 위해서입니다. 사랑의 방법을 구체적으로 제시한 것이 십계명입니다. 그러므로 우리는 계명을 지킬 때 사랑에 근거해서 행해야 합니다.

교제 역시 사랑 때문입니다. 교제를 통하여 사랑을 이루고 성취하는 것입니다.

사랑 없는 형식적인 교제는 오래가지 못합니다. 진정한 교제에 이르지 못합니다.

다지기 3 전도의 삶

주제 목적

전도는 복음을 전하는 것을 말합니다. 우리가 받은 구원의 은혜를 나누어 주는 것이 전도입니다. 이것은 사랑이 전제된 것으로 사랑을 나누는 것입니다. 그 사랑은 그리스도의 사랑으로, 십자가를 통해서 우리에게 몸을 주신 희생입니다. 그것으로 우리는 구원을 받았습니다.

주제 진행

1과 : '사마리아 여인의 전도' 입니다. 예수님을 만난 사마리아 여인은 다른 사람을 어떻게 전도하는지 그 과정을 살펴봅니다.

2과 : '두려워 말고 전파하라' 입니다. 예수님이 파송한 열두 제자의 전도 과정을 연구하게 됩니다. 이것은 오늘날 우리의 전도에 좋은 지침이 될 것입니다.

3과 : '복음과 함께 고난을 받으라' 입니다. 그리스도인은 전도의 과정을 통해 복음과 함께 고난당하는 것이 어떤 것인지 배우게 될 것입니다. 마지막 세대가 가까울수록 복음 전파는 어려울 것인데 그런 상황에서 전도의 의미를 배우게 될 것입니다.

사마리아 여인의 전도 07

말씀의 살핌

1_ 여자는 물동이를 버려 두고 동네에 들어가서 예수님을 전했습니다. 예수님을 만난 후 달라진 모습입니다.

2_ 여인은 자신이 만난 사람은 그리스도라고 소개합니다. 전도는 자기가 만난 것을 전한 것입니다. 그래야 힘이 있습니다.

3_ 여인의 말을 듣고 사람들은 예수님에게 다가오게 됩니다.

4_ 예수님은 제자들이 알지 못하는 양식이 있다고 했습니다. 그 양식은 하나님이 보내신 뜻을 행하는 것이며 그 일을 온전히 이루는 것입니다.

5_ 추수할 때가 되었다는 것은 전도할 때가 되었다는 것입니다. 시기가 무르익어 이제 열매를 맺게 되었다는 것입니다. 전도의 시기를 말합니다.

6_ 전도는 혼자 하는 것이 아닌 함께 하는 것입니다. 한 사람은 심고 한 사람은 거두는 것입니다. 전도는 팀으로 하는 것입니다. 그리고 누군가 씨를 뿌려 놓은 것을 내가 거두는 것입니다. 하나님의 나라 건설은 모두가 함께 수고하는 것입니다.

7_ 여자의 증언을 믿고 많은 사마리아인이 예수를 믿게 됩니다.

아마 자기들이 잘 알고 있는 여인의 달라진 모습에 마을 사람들은 쉽게 예수님께로 나아왔을 것입니다.

8_ 사마리아 사람들은 예수님께 와서 자기들과 함께 유하기를 청했습니다.

그리고 이제는 예수님이 직접 전하는 말씀으로 많은 사람들이 예수님을 믿게 되었습니다.

직접 복음을 듣는 것이 중요합니다.

9_ 사마리아 사람들은 여자를 통해서 예수를 소개받았습니다. 이제 그들은 예수님으로부터 직접 복음을 접함으로 진정으로 주님이 구원자임을 믿게 되었습니다.

말씀의 깨달음

1_ 제자들은 먹을 것을 사러 동네에 갔습니다. 그러나 예수님은 그 시간에 생명의 말씀을 전하는 일을 했습니다. 예수님이 하신 생명의 양식의 의미를 제자들은 알지 못했습니다. 우리의 관심은 어디에 있습니까? 생명입니까, 물질입니까? 여기서 생명은 영혼 구원을 말

합니다. 물질은 인간이 먹고 마시는 것입니다. 물질도 필요하지만 더 중요한 것은 생명을 구원하는 것입니다. 제자는 영혼의 양식을 나누어 주며 영원히 배고프지 않고 목마르지 않는 일을 하는 사람입니다.

2_ 전도는 혼자 하는 일이 아닙니다. 그리스도인이 모두 함께 하는 것입니다. 전도는 혼자서 불가능합니다. 심는 자와 뿌리는 자, 자라게 하고 열매 맺게 하는 자가 서로 다릅니다. 내가 전도의 열매를 맺었다고 해서 그것을 혼자 했다고 생각하면 안됩니다. 모두가 함께 한 일입니다. 이렇게 보면 내 역할을 묵묵히 하는 것이 필요합니다. 그래야 실족하지 않습니다. 뿌리는 자가 없는데 열매를 맺을 수 없습니다. 전도의 열매를 함께 나누는 것이 필요합니다. 이럴 때 하나님나라 전도가 됩니다.

3_ 사마리아 여인의 전도는 우리에게 좋은 전도의 모델을 보여줍니다. 전도가 이루어지기 위해서는 내가 먼저 예수님을 만나는 체험이 있어야 합니다. 그리고 그 만남을 가지고 나가서 전도해야 합니다. 자기를 변화시켜 준 예수님을 다른 사람에게 전하지 않을 수 없습니다. 전도는 예수님을 소개하고 예수님을 만나게 하는 것입니다. 직접 예수님을 소개하는 일이 전도입니다. 그리고 전도자는 예수님을 개인적으로 만나도록 해 주어야 합니다. 직접 예수님을 만난다면 이보다 더 아름다운 일은 없을 것입니다.

먼저 그동안 알고 있는 가까운 사람을 전도하는 것이 효과적입니다. 특히 달라진 나의 모습을 통해 전도하면 사람들이 예수님을 다시 바라보게 될 것입니다.

08 두려워 말고 전파하라

말씀의 살핌

1_ 예수님이 제자들을 파송할 때 심정은 양 떼를 이리 속으로 보내는 것과 같았습니다.

세상 속에서 승리하며 전도 사명을 잘 감당하기 위해서는 뱀같이 지혜롭고 비둘기같이 순결하게 살아야 합니다. 우리가 나가는 세상은 악이 번성하는 곳이기에 전도가 쉽지 않습니다. 하나님께 많이 기도해야 합니다.

2_ 전도에는 핍박이 따릅니다. 그 이유는 복음은 진리이기 때문입니다. 진리를 전하는 것은 거짓과 싸우는 영적 전투입니다.

3_ 성령의 도우심이 필요합니다. 고난과 핍박 속에서 전도하는 것은 더욱 어렵습니다. 그러나 그때마다 성령님께서 할 말을 주시고 피할 길을 알려주십니다. 전도는 인간이 하지만 실상은 성령님과 동역하는 것입니다.

4_ 사람들은 예수님을 바알세불이라고 말했습니다. 귀신의 왕이라고 하면서 비난했습니다.

5_ 그리스도인은 세상 속에서 진실을 말해야 합니다. 그것이 전도입니다. 잠시는 악이 이기는 것 같아도 결국은 진실이 승리합니다. 전도는 곧 선을 행하는 것이요, 진실을 전하는 고귀한 일입니다.

6_ 몸은 죽여도 영혼은 능히 죽이지 못하는 자들을 두려워하기보다는 몸과 영혼이 지옥에 떨어지는 것을 생각해 보아야 합니다. 모든 것은 영혼을 구원하기 위해 존재합니다.

7_ 하나님이 모든 것을 알고 계십니다. 이것을 믿고 확신한다면 어떤 어려움도 이길 수 있을 것입니다. 전도자가 두려워하는 마음을 가지면 안됩니다. 전도는 내 일이면서 하나님의 일라고 한다면 내가 부족한 부분을 하나님이 채워 주실 것입니다.

8_ 세상에서 복음을 전하다가 어려움을 당해도 주님을 시인하면 그것으로 천국에서 상을 받게 됩니다. 세상에서 우리가 주님을 시인하면 천국에서 주님은 우리를 시인하게 될것입니다. 그런 자들에게 하나님은 큰 복을 허락하실 것입니다.

말씀의 깨달음

1_ 복음은 예수 그리스도입니다. 복음을 받아들이기 위해서는 죄를 회개해야 합니다

자신이 죄인임을 먼저 깨달을 때 하나님에게로 돌아설 수 있습니다. 전도는 회개를 먼저 전해야 합니다. 그리고 구원의 길인 예수 그리스도를 전해야 합니다. '회개하고 복음을 믿으라' 는 예수님의 메시지는 전도의 핵심입니다. 우리가 이 복음을 전해야 하는 이유는 죄에서 살길은 오직 예수님뿐이기 때문입니다. 예수님을 만나면 누구든지 죄를 용서받고 영생을 얻을 수 있습니다. 이미 구원받은 사람은 당연히 이 복음을 전하여 다른 사람을 구원해야 합니다. 여기에 목숨을 걸어야 합니다. 이보다 더 귀한 일은 없습니다. 아무리 세상에서 큰일을 한다 해도 생명을 구하는 것보다 더 귀한 것은 없습니다. 복음 전도는 생명을 살리는 가장 가치 있는 일입니다.

2_ 복음 전도에는 왜 고난과 핍박이 뒤따를까요? 그것은 복음은 진리이기 때문입니다. 세상은 악이 난무합니다. 이런 가운데 빛과 같은 복음이 들어오면 그것을 방해하는 어둠의 세력들이 방해를 하는 것은 당연합니다. 빛이 선명할수록 어둠은 더욱 강하게 핍박합니다. 가능한 빛이 비추이지 못하도록 말입니다. 전도는 어둔 세상에 빛을 비추는 것과 같습니다.

세상을 빛으로 바꾸는 것은 대가 없이 되지 않습니다. 많은 고난을 감당하고 어둠을 몰아내야 합니다. 이렇게 보면 복음을 전하는 것과 고난은 필연적이며 이것을 잘 이겨내는 것은 전도의 중요한 열쇠입니다.

3_ 영혼을 능히 지옥에 멸하는 자를 두려워하라는 것은 곧 하나님을 두려워하라는 것입니다. 눈에 보이지 않지만 우리 영혼의 죽고 사는 것을 결정하는 하나님을 두려워하는 것은 매우 중요한 일입니다.

우리는 이것을 경건이라 말합니다. 하나님을 두려워하고 그 하나님의 진노를 생각하면 죽어가는 영혼들을 이렇게 그냥 둘 수 없습니다. 그들을 죄에서 구원해 내는 일은 아주 시급한 일입니다. 전도는 바로 그 일을 하는 것입니다.

사람들은 하나님보다 세상의 것들을 더 두려워하고 그것에 매여 살게 됩니다. 자기의 길을 알지 못하기 때문입니다. 이런 사람에게 생명의 길을 안내하고 그 길로 들어서게 하는 일은 매우 가치 있는 일입니다.

전도는 영적 싸움입니다. 눈에 보이는 육신과의 전쟁이 아니기에 전도를 하면서 화를 내거나 감정적으로 대하는 것은 잘못된 것입니다. 오히려 말씀과 기도로 무장하여 악한 영들을 이겨내는 것이 필요합니다. 영적 무기를 가지고 전도해야지 인간적인 방법으로 전도하면 실패할 수밖에 없습니다. 왜냐하면 전도는 영적 전투이기 때문입니다. 혈과 육으로 하는 것이 아닌 말씀과 기도로 전도하는 것입니다.

09 복음과 함께 고난을 받으라

말씀의 살핌

1_ 바울은 기도하는 가운데 디모데를 생각하면서 디모데의 어릴 적부터 가진 믿음에 대해서 감사했습니다. 조상때부터 섬겨 오던 하나님에 대해서 감사하고 그 하나님을 찬양합니다.

바울은 디모데의 거짓 없는 믿음을 말합니다. 이 믿음은 외조모 로이스와 어머니 유니게에 있었던 것입니다. 삼대를 거쳐서 내려온 믿음입니다.

2_ 바울은 그 믿음을 안수함으로 다시 디모데 속에서 일어나기를 소원합니다. 부흥의 역사가 일어나기를 바랐습니다. 바울은 목회를 하던 디모데에게 강하고 담대한 믿음을 가지고 사역에 힘쓰라고 말합니다.

3_ 하나님이 우리에게 주신 마음은 두려워하는 마음이 아니고 오직 능력과 사랑과 절제하는 마음입니다. 전도할 때 두려워하는 것은 하나님의 마음이 아닙니다. 전도자는 능력과 사랑과 절제를 가지도

록 노력해야 합니다.

4_ 바울은 주님을 위하여 옥에 갇혔습니다 그리고 그 옥에 갇힌 것에 대해서 부끄러워하지 않았습니다. 담대하게 고난을 받는 것은 내 힘으로 안됩니다. 오직 하나님이 주시는 능력으로 고난을 이길 수 있습니다.

5_ 하나님이 우리를 부르신 것은 거룩하신 소명으로 부르신 것입니다. 우리의 행위대로 한 것이 아닌 하나님이 영원 전부터 예수 안에서 주신 은혜대로 한 것입니다.

6_ 복음의 특징은 예수를 통하여 사망을 이기고 복음으로 생명을 얻는 것입니다. 이런 특징 때문에 복음이 들어가면 누구든지 구원을 받고 영원히 죽지 않게 됩니다. 생각하면 얼마나 감사한 일입니까?

7_ 우리는 복음 때문에 선포자와 사도와 교사로 세우심을 받았습니다. 모두 복음을 위해 맡겨진 직분입니다. 다른 것이 목적이 되면 안됩니다. 오직 복음을 위하여 우리의 삶을 드려야 합니다.

8_ 우리는 이 복음을 부끄러워 말고 주님의 날까지 믿음을 가지고 하나님이 지켜 주심을 바라고 나아가야 합니다. 특히 우리 안에 있는 복음을 잘 지키고 행하는 것이 중요합니다. 하나님의 말씀대로 살아가는 것이 하나님이 원하시는 모습입니다. 하나님이 부탁한 것을 잘 행하는 것입니다.

말씀의 깨달음

1_ 은사는 구원받을 때 주어지는 하나님의 선물입니다. 모든 그리스도인은 이 은사를 받았습니다. 그리고 모든 그리스도인은 이 은사대로 교회를 섬기고 봉사를 합니다. 은사가 죽으면 안됩니다. 은사가 다시 불일듯이 일어나서 그 은사대로 사랑하고 섬기는 일을 해야 합니다. 은사는 은혜대로 하는 것입니다. 은혜 받은 자는 은사를 사용하게 되고, 은사를 사용할 때는 언제나 은혜 속에서 해야 합니다. 우리 모두에게는 하나님이 주신 은사가 있습니다. 그것을 잠자게 하지 말고 다시 일으켜 세워 하나님의 역사에 사용하도록 해야 할 것입니다.

봉사와 전도 등 모든 하나님의 일은 내 힘으로 하는 것이 아니고 하나님이 주신 은혜로 해야 합니다.

2_ 복음을 전하는 일에는 늘 고난이 따릅니다. 복음을 전함에도 고난이 없다면 문제가 있습니다. 복음은 편하게 전할 수 없습니다. 아니 그렇게 되어지지 않습니다. 복음 전도자가 당하는 고난은 복음을 위하여 당하는 고난입니다. 전도자는 고난을 즐겨야 하고 감사하게 생각하면서 나아가야 합니다. 하나님이 주신 능력을 받아서 고난을 이기도록 기도해야 합니다. 고난은 오히려 복음 전도를 더 잘 이루어지게 합니다. 전도자가 고난을 잘 이기면 복음의 열매가 맺히게 됩니다. 복음을 부끄러워 말고 감사하며 고난에 적극 대처하는 것이 필요합니다. 하나님이 꼭 이루실 줄 믿고 그 믿음으로 나아가야 합니다.

3_ 복음을 전하는 것은 생명을 심는 일입니다. 결실이 하루아침에

이루어지지 않습니다. 어떤 열매는 오랜 시간이 필요합니다. 시간이 걸려도 낙심치 말고 하나님이 꼭 이루실 줄 믿고 때를 얻든지 못 얻든지 복음을 전하는 자세를 가져야 합니다. 전도는 예수 안에서 들은 복음을 지키고 행하는 것입니다.

전도자가 가져야 할 능력은 사랑입니다. 그리고 인내와 절제입니다. 전도가 힘든 것은 지속하기 어렵기 때문입니다. 그러나 그것은 믿음이 부족하기 때문입니다. 성령이 주시는 능력에 사로잡히면 담대함이 생기고 어디서든지 복음을 전하는 증인이 됩니다. 목숨까지도 바치는 그런 각오가 생기게 됩니다. 왜냐하면 나의 목숨보다 더 소중한 것을 얻었기 때문입니다. 스데반과 바울과 베드로는 그렇게 살았습니다.

엔크리스토 제자양육성경공부

인도자지침서

6 생활과정

영향력 있는 사람

열매 1 사랑을 위하여

주제 목적

사랑은 모든 것의 최종 목적지입니다. 기독교는 사랑의 종교입니다. 성경이 말하는 핵심도 사랑입니다. 사랑이 없으면 아무것도 아닙니다. 모든 것이 결국은 사랑 때문입니다. 성경공부나 제자훈련 등도 사랑을 위해 존재합니다. 사랑하기 때문에 열심을 내는 것입니다.

주제 진행

1과 : '서로 사랑하라' 에서는 사랑은 무엇인지, 왜 사랑해야 하는지에 대해서 말하고 있습니다. 사랑의 모델이신 그리스도를 통해 사랑의 방법을 배워 나가야 할 것입니다.

2과 : '진실과 행함으로 사랑하라' 에서는 실천적인 사랑을 말합니다. 말로만 하고 실천으로 이어지지 않는 것은 사랑이 아님을 말합니다.

3과 : '그중에 제일은 사랑이라' 에서는 모든 사역과 은사와 하나님의 일은 사랑이 기초가 되어야 한다고 강조합니다. 특히 사랑이 아닌 것은 무엇이며 어떤 것이 사랑의 모습인지를 잘 설명하고 있습니다.

01 서로 사랑하라

말씀의 살핌

1_ 본문은 사랑이 핵심 단어입니다. 사랑이라는 단어로 전체 내용이 전개됩니다.

2_ 우리가 서로 사랑해야 하는 것은 하나님이 사랑이기 때문이며 우리가 하나님께 속했기 때문입니다. 하나님의 사랑은 그리스도의 십자가 죽으심으로 나타났습니다. 우리는 하나님의 사랑을 보지 못했지만 예수님의 사랑으로 하나님을 알게 되었고 하나님은 사랑이심을 보았습니다. 하나님은 곧 사랑이시며, 사랑하면 하나님 안에 거하는 것입니다. 그러므로 우리가 서로 사랑하는 것은 마땅합니다.

3_ 사랑은 하나님에게 속한 것입니다. 하나님 없이는 어디서도 사랑을 찾을 수 없습니다.

4_ 하나님의 사랑은 독생자 예수 그리스도를 통해서 우리에게 나타났습니다. 그를 통하여 우리가 살아났습니다. 그러므로 우리는 예

수님을 통하여 살아납니다.

5_ 우리가 사랑을 하려면 하나님 사랑을 먼저 알고 하나님의 사랑을 받는 것이 중요합니다. 사랑을 받지 못하면 사랑할 수 없습니다. 사랑하려면 먼저 사랑해야 합니다. 은혜 받은 자가 먼저 사랑합니다. 하나님을 사랑하는 자는 형제를 사랑해야 합니다. 하나님 사랑과 형제 사랑은 분리될 수 없습니다.

6_ 하나님이 먼저 우리를 사랑했기 때문입니다. 그러므로 하나님의 한 가족이 된 사람은 서로 사랑하는 것은 당연합니다. 우리가 서로 사랑하지 못한 이유는 하나님의 사랑을 받지 않았기 때문입니다.

7_ 하나님은 아무도 본 사람이 없습니다. 그러나 하나님을 볼 수 있는 길은 서로 사랑하면 됩니다. 사랑 안에 거하는 자는 하나님 안에 거하는 것이 됩니다. 하나님을 사랑하면 심판 날에 담대하게 됩니다. 그 사랑이 우리 안에 있는 심판에 대한 두려움을 없애줍니다.

8_ 하나님의 사랑을 우리 안에 온전히 이루기 위해서는 형제를 사랑해야 합니다. 사람을 사랑하지 않고서 하나님을 사랑한다고 하는 것은 거짓입니다. 이렇게 보면 하나님을 믿는 신앙은 곧 이웃에게로 나타나야 합니다.

9_ 하나님을 사랑하는지 알 수 있는 길은 이웃과 형제를 얼마나 사랑하는지를 보면 됩니다. 이것이 안 되면 하나님을 사랑한다는 것은 거짓입니다. 이웃 사랑은 하나님 사랑의 검증 방법입니다. 보이는

이웃 사랑을 못하면 보이지 않는 하나님을 사랑한다는 것은 더 어렵습니다.

말씀의 깨달음

1_ 하나님의 사랑은 행동하는 사랑입니다. 자기 아들을 십자가에 죽게 하면서까지 우리 인간을 사랑하셨습니다. 사실 예수님의 십자가의 죽음은 경건하지 않는 무익한 자들을 위한 죽음입니다. 죽을 가치가 없는 그런 사람을 위해서 죽은 것입니다. 사랑은 실천입니다. 행함으로 이어지지 않는 사랑은 죽은 사랑입니다. 우리는 말로만 사랑하는 경우가 많습니다. 그것은 아직 마음과 인격으로 사랑하지 않는다는 것입니다. 사랑은 곧 믿음입니다. 사랑은 명사가 아닌 동사입니다. 믿음은 살아 있는 것입니다. 그렇다면 행함으로 드러나야 하고 희생을 통해서 나타나야 합니다.

2_ "하나님 안에 거한다"는 것은 하나님의 사랑 안에 거한다는 것이고 하나님의 말씀 안에 거한다는 것입니다. 이것은 이웃을 사랑하며 말씀을 실천하는 것으로 나타납니다. 하나님을 사랑하면 하나님이 기뻐하시는 것을 행하게 됩니다. 우리가 사랑하는 것은 하나님이 사랑하라 했기에 서로 사랑하는 것입니다. 우리의 기준이 아닌 하나님의 기준에서 사랑하는 것입니다. 그것이 곧 하나님을 사랑하는 것입니다. 내 기준대로 사랑하면 나를 사랑하는 것입니다. 이런 면에서 말씀 안에 거하고 말씀을 지키는 것은 하나님 사랑과 직결됩니다

3_ 그리스도인이 지향해야 할 사랑은 무조건적인 사랑입니다. 행

위에 따라 사랑하는 것이 아닌 은혜에 근거하여 사랑하는 것입니다. 무조건적인 사랑을 하는 것은 어렵습니다. 특히 인간은 감정의 동물이기에 늘 감정에 따라 움직입니다. 그러나 우리가 받은 사랑은 감정에 의한 사랑이 아닙니다. 그렇다면 우리가 다른 사람을 사랑할 때도 감정에 따라 하면 안됩니다. 받은 사랑대로 하면 됩니다. 우리가 사랑하기 어려운 것은 받지 않은 상태에서 하기 때문입니다. 그러나 받은 사랑을 가지고 하면 사랑은 쉽습니다. 특히 큰 사랑을 받으면 다른 사람을 사랑하는 것은 당연한 것이요, 즐거운 일입니다. 얼마나 하나님의 사랑을 느끼느냐가 곧 나의 사랑을 좌우합니다.

4_ 온전한 사랑은 주님의 사랑입니다. 두려움이 있으면 아직 온전한 사랑에 이르지 못한 것입니다. 온전한 사랑은 인간이 이룰 수 없습니다. 하나님의 사랑만이 온전합니다. 우리가 하나님의 사랑을 안다면 다른 사람을 사랑하는 것은 그리 어렵지 않습니다. 사람들에게 하나님의 사랑을 전하면 그 사람은 하나님의 사랑으로 다른 사람에게 다가서게 됩니다. 인간의 사랑은 온전하지 못합니다. 따라서 우리는 주님의 사랑을 늘 배우도록 노력해야 합니다. 그렇게 할 때 걱정과 두려움이 사라집니다. 하나님이 나를 사랑한다고 생각하면 이 세상에 겁날 것이 없습니다. 이것이 하나님의 사랑이 우리에게 미치는 위대한 힘입니다.

02 진실과 행함으로 사랑하라

말씀의 살핌

1_ 세상이 그리스도인을 미워하는 것에 대해 이상하게 여기지 말아야 합니다. 세상에는 사랑보다는 미움이 많습니다.

2_ 우리가 형제들을 사랑하면 사망에서 생명으로 옮겨 가게 됩니다. 반면에 사랑하지 않는 사람은 사망에 이르게 됩니다.

3_ 형제를 사랑하면 사망에서 생명으로 옮겨 가게 됩니다. 그러나 형제를 미워하면 사망에 머물게 됩니다. 미워하는 것은 살인하는 것이며 그 속에는 영생이 없습니다. 영생이 있으면 형제를 사랑하지 않을 수 없습니다.

4_ 우리가 사랑을 알 수 있는 길은 예수님을 통해서 가능합니다. 우리를 위하여 목숨을 버리신 예수님의 사랑을 알 때 우리는 진정한 사랑이 무엇인지 알게 됩니다. 형제를 위하여 목숨을 버릴 수 있는 것은 예수님이 인간을 위하여 목숨을 버리는 사랑을 통해서 가능합

니다. 인간의 힘으로는 불가능합니다.

5_ 우리가 그리스도를 통해 받은 사랑은 말로만 하는 것이 아닌 실천하는 사랑입니다. 행함과 진실함으로 사랑해야 합니다. 실천할 수 있는 힘이 생기지 않는 것은 아직 하나님의 사랑이 우리 안에 거하지 않는다는 증거입니다.

6_ 진리에 속하는 일입니다. 진리를 실천하고 진리를 사랑하면 그것은 하나님이 우리 안에 있음을 확신할 수 있는 좋은 증거가 됩니다. 왜냐하면 하나님은 진리의 영이기 때문입니다.

7_ 신앙의 담대함은 책망할 것이 없으면 생깁니다. 그러나 죄와 흠이 있으면 담대함이 생기지 않습니다. 기도하는 것은 곧 하나님의 말씀을 지키고 행하는 것입니다. 이렇게 되면 우리가 구하는 모든 것을 받게 됩니다.

8_ 하나님이 주신 계명은 예수님을 믿는 믿음입니다. 그 계명은 서로 사랑하라는 새 계명입니다. 하나님의 계명은 사랑하는 것입니다. 하나님의 계명을 지키는 것이 어렵다는 것은 사랑하기 힘들다는 것입니다. 인간을 사랑하는 마음이 있다면 계명 지키는 것은 어렵지 않습니다. 문제는 이런 마음이 없다 보니 계명이 지키기 힘들고 교제를 기피하게 됩니다. 그것은 우리 마음에 사람을 사랑하고자 하는, 하나님을 사랑하고자 하는 마음이 사라졌기 때문입니다.

성경은 하나님을 사랑하는 구체적인 매뉴얼입니다. 하나님을 사랑한다면 그 매뉴얼이 아무리 복잡해도 그것을 숙지하고 그것을 살펴보는 것이 그리 힘들지 않게 됩니다.

말씀의 깨달음

1_ 사랑은 실천입니다. 십자가의 사랑의 진수는 우리를 위해 자신의 몸을 던져 죽으셨다는 것입니다. 만약 주님이 십자가에 죽으시지 않고 말씀만 전하셨다면 사랑이 우리에게 전달되지 못했을 것입니다. 예수님의 십자가 사건은 그 자체로 메시지입니다. 놀라운 사랑의 메시지입니다. 사랑은 구체적인 행동으로 나타나야 합니다. 그렇지 않고 말로만 하는 사랑은 죽은 사랑이 됩니다.

왜 사람은 사랑을 행동으로 옮기는 것을 싫어할까요? 그것은 이웃을 사랑하는 마음이 생기지 않아서입니다. 아직 그런 사랑을 받지 못했기에 우리 안에 사랑의 내공이 없는 것입니다.

2_ 하나님이 주신 계명은 사랑입니다. 즉 어떻게 사랑하는가를 구체적으로 가르쳐 주신 것이 계명입니다. 하나님을 사랑하고 이웃을 사랑하는 마음을 가지고 계명을 보면 그것은 즐거운 것이 됩니다. 따분하지 않습니다. 전문가에게는 매뉴얼이 세부적이고 구체적인 것이 좋습니다. 그러나 보통 소비자는 간단한 것이 좋습니다. 정말 하나님을 사랑한다면 그것을 실천하기 위한 다양한 내용들은 즐거운 일이 됩니다. 왜냐하면 이런 것을 통해 하나님을 사랑하는 법을 자세히 배우기 때문입니다. 주님의 사랑을 받지 않고 계명을 대하면 계명은 어렵고 무거운 짐이 됩니다.

그중에 제일은 사랑 03

말씀의 살핌

1_ 본문에 나오는 사랑이라는 말 대신에 복음, 그리스도, 믿음 등을 다양하게 넣을 수 있습니다.

2_ 사랑의 정적인 면은 방언 등입니다. 지적인 면은 하나님의 비밀과 지식을 아는 것입니다. 의지적인 면은 자신의 모든 것을 내어주는 것입니다.

3_ 진정한 사랑은 어떤 것일까? 부정해야 할 것은 시기하지 않고 자랑하지 않고 교만하지 아니하는 것입니다. 무례히 행하지 않고 자기의 유익을 구하지 아니하고 성내지 아니하며 악한 것을 생각지 아니하는 것입니다. 이것은 '하지 말라' 에 해당되는 금지의 말씀입니다.

긍정적인 면은 '하라' 입니다. 사랑은 오래 참고 불의를 기뻐하지 않고 진리와 함께 기뻐하는 것입니다. 모든 것을 바라고 믿고 나아가는 것입니다.

4_ 온전한 것이 오면 부분적인 것은 사라집니다. 예언과 방언은 사랑이 올 때까지 존재합니다. 그것들도 사랑을 위해서 존재합니다.

5_ 어린아이와 같은 상태입니다. 모든 것이 부족한 상태입니다. 이것은 일시적이고 지나가는 것입니다.

6_ 장성한 사람이 되었을 때는 부분적으로 보는 것이 아니라 온전하게 봅니다. 주님이 나를 아신 것은 부분적으로만 아는 것이 아닌 전체적으로 온전히 아는 것입니다.

7_ 영원히 존재하는 것은 사랑입니다. 세상의 시작과 마지막도 사랑입니다.

8_ 믿음 · 소망 · 사랑 중에서 가장 중요한 것은 사랑입니다. 사랑에서 믿음도 소망도 나옵니다. 사랑이 없으면 믿음과 소망이 사라집니다.

말씀의 깨달음

1_ 고린도전서 13장은 고린도전서 12장과 14장의 사이에 있습니다. 12:31에 더욱 큰 은사를 사모하라고 하면서 가장 좋은 길을 보여준다고 했습니다. 그리고 14장은 은사에 대한 내용이 나옵니다. 이것은 모든 것이 사랑에서 시작되고 행해져야 함을 말합니다. 사랑은 모든 것의 기본이 되는 것으로, 이것이 빠지면 다른 것은 헛된 것이 되고 맙니다. 모든 것은 서로 사랑하고자 하는 것임을 명심해야 합

니다.

2_ 사랑은 다른 사람의 유익을 구하고 덕을 세우는 것입니다. 다른 사람의 유익을 구하지 않는 것은 사랑이 아닙니다. 공동체의 덕을 세우고 다른 사람을 이롭게 하는 마음이 전제될 때 사랑은 꽃이 피게 됩니다. 교회 안에 이런 사랑이 가득 차면 하나님이 교회 안에 거하시게 됩니다. 하나님이 교회 안에 거하시게 하기 위해서는 서로 사랑해야 합니다.

고린도 교회는 사랑이 없고 은사만 많았습니다. 그러다 보니 은사로 인하여 문제가 생겼습니다. 분리와 다툼과 시기와 미움이 생겼습니다. 그 이유는 바탕에 사랑이 없었기 때문입니다. 일이나 업적을 이루는 것도 결국은 사랑을 이루기 위한 것입니다. 사랑이 빠진 일이 되면 지금 아무리 좋은 일이라 해도 결국은 사랑의 결핍으로 서글픈 일이 됩니다.

3_ 사랑은 다른 은사들을 힘나게 하고 길을 바르게 정리하는 의미를 지니고 있습니다.

사랑이 전제되지 않은 은사와 봉사는 위험합니다. 모든 은사와 사역들은 사랑이 전제되어야 합니다. 그리고 그 사랑으로 방향이 맞추어져야 합니다. 그 사랑은 하나님과 타자 중심입니다. 자기 욕심이 들어가면 사랑은 사라지게 되고 참된 사랑이 아닙니다.

믿음을 갖고 소망과 꿈을 갖는 것도 결국은 사랑 때문에 존재해야 합니다. 예수님이 십자가의 사랑을 위해 모든 것을 바치셨듯이 말입니다. 모든 것은 사랑의 뿌리에서 나온다는 것을 잊어서는 안됩니다.

열매 2 평화를 위하여

주제 목적

평화는 인간에게는 없는 것입니다. 오직 하나님으로부터 오는 하늘의 선물입니다. 성령의 9가지에 해당되는 중요한 열매입니다. 이것은 결국 하나님을 믿는 사람은 당연히 하나님처럼 평화를 만드는 일에 사용되어야 함을 말합니다.

주제 진행

1과 : '평화 없는 세상' 에서는 평화가 사라진 이스라엘 공동체를 살펴보면서 어떤 교훈을 얻는지 알아봅니다.

2과 : '그리스도 안에서 평화' 는 하나님과 인간이 참된 평화를 누리는 것은 인간의 힘으로는 안되고 그리스도를 통해서만 이루어진다고 말합니다. 어떻게 하는 것이 그리스도 안에서 누리는 평화인지를 살펴봅니다.

3과 : '영원한 평화' 는 일시적인 평화가 아닌 영원히 사라지지 않는 평화에 대해서 말합니다. 특히 앞으로 다가올 천국의 모습을 통해서 평화로운 미래상을 그리게 됩니다.

평화 없는 세상 04

말씀의 살핌

1_ 예레미야는 이스라엘의 남은 자들의 구원에 대해 말씀하십니다. 하나님은 예레미야에게 하나님의 심판이 이르기 전에 한 사람이라도 더 구원하라고 말씀하십니다.

2_ 이스라엘 백성이 하나님의 말씀을 듣지 않은 것은 그들의 귀에 할례를 받지 않았기 때문입니다. 그런 이유로 그들은 하나님의 말씀을 욕으로 여기고 즐거워하지 않았습니다.

3_ 얼마나 죄악이 가득하면 하나님이 분노를 도저히 참기 어렵다고 말씀하는지 알 수 있습니다. 하나님께서 죄악으로 인한 이스라엘의 패역에 대해 아주 안타까워하심을 발견할 수 있습니다.

4_ 하나님의 분노가 가득하여 이제는 하나님의 심판이 남녀노소할 것 없이 모두에게 임한다고 말씀하셨습니다. 그리고 모든 것을 다른 사람에게 빼앗기는 징벌을 받게 됩니다. 예레미야는 이런 상황에

서 괴로움을 당합니다.

5_ 지금 이스라엘은 작은 자로부터 큰 자까지 모두 탐욕을 부리고 거짓 선지자와 제사장까지 거짓을 행하게 되었습니다. 지도자들은 백성들의 죄악에 대해 대수롭지 않게 여기고 오히려 "평강하다"고 외치지만 그것은 거짓 평강입니다. 거짓 예언자는 평강이 있다고 하지만 하나님이 보실 때는 평화가 없습니다. 죄에 둔감한 당시 지도자들의 모습을 발견할 수 있습니다.

6_ 백성들뿐 아니라 이스라엘의 지도자들까지도 가증한 일을 행하면서도 조금도 부끄러워하지 않고 얼굴이 붉어지지 않았습니다. 강퍅할 만큼 강퍅해진 지도자들의 상태를 알 수 있습니다.

7_ 이런 이스라엘 백성들의 죄악에 대해서 하나님은 결국 자신들의 죄로 인하여 엎드러지며 거꾸러질 것이라고 말합니다. 죄의 값은 사망입니다. 죄를 지으면서도 오히려 평강을 외치는 모습은 이스라엘의 병적인 상태를 보여줍니다.

말씀의 깨달음

1_ 귀가 할례를 받는다는 것은 듣는 귀가 열려지는 것을 말합니다. 들어도 듣지 못하는 것은 귀가 거듭나지 못해서입니다. 하나님의 말씀이 선지자들을 통해 들려짐에도 그것을 거부하고 오히려 자기들의 만족을 취하는 이스라엘 백성의 모습은 죄악이 심각한 상태임을 알 수 있습니다. 하나님의 말씀을 버리면 하나님의 지혜는 오지 않습

니다. 지혜는 하나님의 말씀을 통해서 옵니다. 귀가 할례받지 못하면 하나님의 말씀이 들리지 않습니다. 말씀이 안 들리면 영적으로 둔해지고 어리석게 됩니다.

2_ 평강이 없으면 빨리 하나님께 돌아와 회개하여 평강을 찾아야 합니다. 그럼에도 이스라엘 백성들은 스스로 평강을 외치면서 하나님의 징벌과 책망을 등한시 여겼습니다. 지도자가 중요합니다. 지도자가 백성들의 죄를 깨닫게 하고 바른 삶으로 안내해야 하는데 그 일을 등한시함으로써 백성들이 어려움을 처하게 되었습니다. 이들이 이렇게 악한 모습이 된 이유는 일차적으로 하나님의 말씀을 듣는 것을 거부했기 때문입니다. 말씀을 거부한 결과는 파멸이고 멸망입니다. 결국 유다는 바벨론에 끌려가고 나라를 잃었습니다. 거짓된 평화를 조심해야 합니다. 그것이 우리를 힘들게 합니다.

3_ 지금도 죄악 중에서 회개하기보다는 이기적인 믿음을 가지고 성공과 부를 추구하는 사람들이 있습니다. 하나님이 주시는 축복보다는 세상이 주는 복을 추구할 때 이런 현상이 일어납니다. 세상의 만족을 추구하면 죄 가운데서도 일시적이지만 평강을 누립니다. 그러나 이것은 하나님이 주시는 평화가 아닙니다. 세상적인 평화입니다. 이것을 조심해야 합니다.

우리가 추구하는 평화는 하늘로부터 오는 하나님이 주신 평화입니다. 그것만이 우리를 진정으로 평화롭게 합니다. 세상 속에는 오히려 평화가 없음을 전파할 때 하늘로부터 오는 진정한 샬롬을 경험할 수 있습니다. 하나님의 생각은 재앙이 아니라 희망입니다. 하나님께 부르짖으면 희망을 주십니다. 여기서 부르짖는다는 것은 죄를 통회하고 회개하는 것을 의미합니다. 지금이라도 세상에는 평화가 없음을 깨닫고 하나님을 찾고 하나님께 돌아오면 하나님이 은혜를 주실 것입니다.

그리스도 안에서 평화 05

말씀의 살핌

1_ "고와와 같이 버려 두지 않는다. 내가 너희 안에 있다. 가서 거처를 그와 함께 하리라. 아버지께로 간다." 입니다.

2_ 고아와 같은 상태를 말합니다. 지금도 세상에는 하나님을 아버지로 섬기지 않는 고아와 같은 사람이 많습니다. 이들은 아버지가 없는 상태임에도 그것을 심각하게 여기지 않습니다.

3_ 그날은 성령이 오시는 날(오순절 성령강림)을 의미한다고 볼 수 있습니다. 성령이 우리에게 오심으로 주님이 영으로 우리 안에 거하시게 됩니다.

4_ 말씀과 함께하는 것이 곧 주님과 함께하는 것입니다. 주님은 이 시간에도 말씀을 통해서 우리에게 임하십니다. 말씀을 사랑하는 사람과 주님은 함께하십니다. 왜냐하면 이런 사람을 통해서 하나님의 뜻을 이루기 때문입니다.

5_ 성령님의 별칭은 보혜사입니다. 보혜사는 우리를 위로하고 도와주시는 분입니다. 상담자와 같은 분이십니다. 성령은 인격적인 분으로 말씀을 가르치고 생각나게 하십니다. 특히 주님이 말씀하신 것을 생각나게 하십니다. 예수님과 성령님은 긴밀히 연관되어 있습니다. 서로 분리될 수 없습니다. 예수님이 하신 말씀을 드러내는 것이 성령님의 일입니다.

6_ 평화는 말씀을 통해, 성령님을 통해 우리에게 임합니다. 주님이 주시는 평화는 세상이 주는 것과 같지 않고 영원합니다. 그러므로 주님을 마음에 모신 사람은 마음에 근심하거나 걱정하지 말아야 합니다.

말씀의 깨달음

1_ 본문에 나오는 성령님의 두 가지 사역은 진리의 말씀을 가르치고 생각나게 하시는 일입니다. 하나님의 말씀을 읽고 배워도 우리 힘으로는 그것을 이해 못할 때가 많습니다. 그때마다 성령님은 우리에게 역사하시어 말씀의 의미를 이해하게 하는 역할을 합니다.

말씀을 깨달으면 마음에 평화가 찾아옵니다. 우리는 하나님의 뜻을 알 때 걱정과 불안이 사라집니다. 진정한 평화는 물질이나 세상이 주는 평화가 아닌 하나님의 말씀을 통해서 주시는 평화입니다.

2_ 그리스도인의 평화는 인간이 만들어 낸 평화가 아닌 하나님이 예수 그리스도를 통해서 주시는 선물로서의 평화입니다. 단어는 같지만 차원은 전혀 다릅니다. 세상에 주는 평화는 일시적인 평화입니

다. 오히려 그런 평화에 속아서 그런 평화를 추구하는 것을 조심해야 합니다.

예수 그리스도를 믿는 사람에게 성령님이 임하고 그 성령님이 그 사람을 고아와 같이 버려 두지 않고 날마다 은혜와 평강을 허락해 주십니다. 내 안에 계신 성령님에게 순종할 때 내 안에 평화가 찾아옵니다. 평화는 순종을 통해 주시는 하나님의 선물이며 축복입니다.

세상의 모든 것을 다 주어도 그 안에 평화가 없고 다툼이 있으면 그것은 하나님나라의 모습이 아닙니다. 우리는 다툼보다 평화를 선택해야 합니다. 믿음의 선진들이 모두 그렇게 했고 그것이 예수님이 우리에게 가르쳐 주신 교훈입니다.

평화를 깨는 것은 관계를 파괴하는 것으로 이유 여하를 막론하고 죄에 해당되며, 그것은 사단이 주는 것입니다.

3_ 평화는 그리스도를 통해서 우리 안에 찾아옵니다. 얼마나 내가 그리스도를 신뢰하고 순종하느냐에 따라 마음의 평화가 결정됩니다. 주님을 영접하는 사람에게는 그리스도의 평화가 주어집니다. 마음속에 평화가 임하는 것은 마치 빛이 마음속에 들어오는 것과 같습니다. 빛은 우리 안에서 만들 수 없습니다. 밖으로부터 비쳐지는 것입니다. 그리고 빛은 인간이 만들어 낼 수 없고 조작이 불가능합니다. 태양처럼 하늘로부터 오는 빛이 진정한 빛입니다. 전등불과 같은 빛도 있습니다. 이것은 인간이 만든 빛으로 일시적이며 에너지가 사라지면 금방 꺼집니다. 불안하고 언제 어떻게 될지 모릅니다. 주님이 주시는 평화는 하나님과 막힌 담을 헌 것으로 먼저 하나님과 화해되는 그런 평화입니다. 하나님과 화해하면 죽음에서 해방됩니다. 죽음의 공포에서 벗어나지 못하면 아직 진정한 평화에 이르지 못한 것입

니다. 평화가 있는 사람에게 이웃 사랑은 자연스럽게 이루어집니다. 그리고 마음에 즐거움이 생깁니다. 사랑, 평화, 기쁨은 서로 유기적으로 우리에게 다가옵니다.

인간에게 죄가 있으면 평화가 찾아오지 못합니다. 그리스도를 통해 죄의 문제가 해결되면 우리 마음에는 진정한 평화가 찾아옵니다.

영원한 평화 06

말씀의 살핌

1_ '그때란' 하나님의 평화가 임하는 마지막 그날입니다. 주님이 오시는 그날로, 이때는 모든 것이 하나되는 평화의 날입니다.

2_ 이리와 어린 양과 표범과 염소와 송아지와 어린 사자와 살진 짐승이 함께 있어 암소와 곰이 함께 먹으며 사자가 소처럼 풀을 먹습니다. 젖 먹는 아이가 독사의 구멍에서 장난하며 젖 뗀 아이가 독사의 굴에 손을 넣을 것입니다. 이런 모습은 이 세상에서는 보기 힘든 것입니다. 하나님의 나라에 해당되는 모습입니다.

3_ 하나님의 나라는 해함도 상함도 없는 평화의 나라입니다. 그곳은 물이 바다를 덮음같이 하나님을 아는 지식이 충만한 그런 나라입니다.

4_ 이새의 뿌리에서 한 싹이 나온다는 말은 앞으로 오실 예수 그리스도를 상징합니다. 모든 나라가 그리스도에게로 돌아오고 그가

거한 곳이 영화로운 곳이 됩니다. 이것은 무엇을 의미합니까? 그리스도를 통한 하나님의 나라를 말합니다. 평화의 왕으로 오신 예수님의 모습을 그리고 있습니다.

5_ 하나님은 숨긴 자들을 모으시고 유다의 흩어진 자들을 모으십니다. 이것은 남은 자를 돌아오게 하시는 것을 말합니다. 하나님을 경외하는 남은 자들을 불러 모으시는 것입니다.

6_ 자기 백성에게 주시는 하나님의 축복은 유다를 다시 회복하고 유다를 괴롭히던 자들을 벌하는 것입니다. 이스라엘을 괴롭혔던 이방 백성들을 하나님은 징벌하십니다.

7_ 하나님은 이스라엘을 애굽 땅에서 구하신 것과 같이 앗수르에게서 건져 내십니다. 하나님의 이스라엘을 향한 사랑과 회복을 말씀하고 있습니다.

말씀의 깨달음

1_ 영원한 하나님의 나라는 모든 피조물이 함께 뛰노는 샬롬의 세계입니다. 죄악으로 물든 이 세상은 피조물 세계가 서로 경쟁하며 싸우고 죽이는 미움의 관계입니다. 그러나 주님의 나라가 오면 이것은 모두 평화의 모습으로 변화됩니다. 주님이 오시는 그때에는 이것이 온전하게 이루어지게 될 것입니다. 그런데 이런 샬롬은 미래가 아닌 현재에도 이루어집니다. 주님의 이름으로 귀신을 쫓아내면 우리 안에 하나님나라가 임합니다. 하나님나라는 볼 수 있게 임하는 것이 아

닙니다. 그러므로 오늘 우리 안에도 하나님나라가 있습니다. 예수님 안에서 평화를 누리면 그곳이 곧 하나님나라입니다.

2_ 예수님은 평화의 왕으로 오셨습니다. 예수님이 세상에 오심으로 이 땅에는 드디어 평화가 찾아왔습니다. 예수님이 주시는 평화는 세상의 평화와 다릅니다. 어느 한쪽만 평화가 이루어지는 것이 아닌 모든 피조물이 평화를 누리고 모든 열방이 평화를 누리는 것입니다.

예수님의 성육신은 이것을 이루는 것이고 하나님과 인간 사이의 막힌 담을 허무는 역할을 합니다. 주님은 화목제물이 되어서 우리와 하나님 사이를 화목하게 하셨고 그것으로 인간 사이에도 평화를 전하셨습니다. 우리는 주님이 주신 평화로 모두와 더불어 평화할 수 있습니다. 주님이 없는 곳에는 평화도 없습니다. 인간의 평화는 말로는는 거창하게 외치면서 결국은 자기의 욕심을 채우는 평화요, 거짓된 평화입니다.

3_ 하나님을 아는 지식은 하나님의 평화를 가져다 줍니다. 우리가 평화를 누리려면 하나님을 아는 지식으로 가득 차야 합니다. 인간의 생각으로 가득 차면 평화가 사라지고 불평만 일어납니다. 사람들이 서로 평화하지 못하는 것은 자기 생각만 하기 때문입니다. 자기 생각만 가득하면 서로가 평화하기 어렵습니다. 그러나 하나님을 아는 지식으로 가득하면 누구든지 더불어 평화할 수 있습니다. 이렇게 보면 샬롬과 여호와를 아는 지식과는 아주 긴밀하게 연결됩니다. 하나님의 지식이 커지면 커질수록 하나님의 사랑을 알게 되고 결국 누구와도 평화할 수 있는 힘을 얻게 됩니다.

열매 3 하나됨을 위하여

주제 목적

하나됨이 무엇이며 그리스도인은 왜 하나됨을 이루어야 하는가를 살펴봅니다. 특히 그리스도 안에서 하나된 것이 무엇인지 알아보고 그 안에서 서로 하나되는 길을 모색하는 데 목적이 있습니다. 하나님이 가장 기뻐하시는 일에 동참하는 사람들이 그리스도인들입니다.

주제 진행

1과 : '둘이서 하나' 는 인간과 하나님과의 연합을 말합니다. 도저히 하나될 수 없는 두 존재가 그리스도를 통하여 하나됨을 이루어 낸 일을 소개하고 있습니다.

2과 : '모두가 하나' 는 그리스도 안에서 교회의 몸된 모습을 말합니다. 몸된 교회의 모습은 하나됨을 이해하는 좋은 모델입니다. 교회 간에 하나됨을 이루어 세상과 하나님이 하나되는 그런 날을 소망해 봅니다.

3과 : '하나님의 손에서 하나' 는 실질적인 방법입니다. 하나되는 일을 지적으로는 알고 있지만 막상 해 보려고 하면 잘 안됩니다. 그 이유 중 하나는 너무 감정적인 부분만 강조하기 때문입니다. 여기서는 하나님에 대한 신뢰를 가지고 그 속에서 하나됨을 이루도록 도와줍니다.

둘이서 하나 07

말씀의 살핌

1_ "화평, 한 몸, 한 성령, 동일한 시민, 주 안에서 성전" 입니다.

2_ 약속의 언약들이 없습니다. 세상에는 소망이 없습니다. 하나님도 없습니다.

3_ 이방인들과 유대인들이 가까워진 것은 예수 그리스도의 피 때문입니다.

4_ 둘로 하나된 화평이십니다.

자기 육체를 통하여 둘이 하나되게 했습니다. 이것은 희생을 통해 이루어진 일입니다.

5_ 원수된 것은 하나님과 인간이 죄로 인하여 대적관계가 된 것을 말합니다. 둘이 하나됨으로 한 '새 사람' 을 지어 화평하게 되었습니다.

6_ 한 몸이 되는 것입니다. 예수 그리스도를 통해 모든 인류가 하나되고 그리스도를 통하여 모든 교회가 하나됨을 이루는 데 있습니다.

7_ 교회는 예수 그리스도가 모퉁이돌이 되어 서로 연결되어 있는 한 몸입니다. 성령 안에서 하나됨을 이루는 것이 몸을 살리는 일이고 몸을 건강하게 하는 일입니다.

말씀의 깨달음

1_ 하나된다는 것은 어느 한편으로 하나된다는 것이 아니라 그리스도를 중심으로 하나됨을 의미합니다. 땅에 있는 것이나 하늘에 있는 모든 것이 그리스도 안에서 하나되는 것입니다. 교회 안에서 하나되지 못하는 이유는 어느 한쪽 부류의 사람들과 하나되려 하기 때문입니다. 이렇게 되면 다툼과 싸움이 일어납니다. 하나되는 것은 그리스도를 통해서입니다. 그리스도의 생각과 마음을 가지고 그것에 일치를 이룰 때 하나가 됩니다.

하나되기 위해서는 먼저 그리스도의 생각을 알고 그것에 순종하기로 합의해야 합니다. 그것이 먼저 이루어지지 않으면 하나됨은 이룰 수 없습니다. 우리의 존재 자체를 그리스도에게 둔다면 가능합니다. 우리의 생각을 포기할 수 있습니다. 왜냐하면 주님이 우리를 하나되게 하기 위하여 십자가에 죽으셨기 때문입니다. 십자가의 은혜로 하나님과 하나된 사람은 어느 누구도와도 이유 없이 하나될 수 있습니다.

2_ 중간에 막힌 담을 허셨다는 것은 죄를 해결했다는 것을 말합니

다. 인간은 죄를 해결하지 않고서는 하나됨을 이룰 수 없습니다. 그런데 문제는 그 죄의 해결이 인간의 힘으로는 불가능하다는 것입니다. 누군가 하나됨을 이루기 위해 희생이 필요합니다. 그것을 위해 예수님이 십자가에 죽으셨습니다. 그리고 하나님과 우리를 화평하게 하셨습니다. 평화를 이루지 않고는 하나됨을 이룰 수 없습니다. 하나님은 한 분이십니다. 하나님을 믿는 사람은 당연히 모두가 하나됨을 이루어야 합니다. 그렇지 못하면 하나님을 믿는다고 말할 수 없습니다. 신앙의 마지막은 하나됨입니다. 그리스도 안에서 통일을 이루는 것입니다. 그것을 세상에 보여주어야 합니다. 그리스도 안에서 하나되는 것이야말로 최고의 전도입니다.

3_ 교회는 수많은 성도들이 함께 모인 공동체입니다. 성도가 된 순간 성도는 서로 지체가 되었습니다. 모퉁이돌인 그리스도를 중심으로 하나가 되었습니다. 모든 힘은 그리스도에게서 공급받습니다. 얼마나 그리스도와 연결되었으냐가 하나됨을 이루는 데 결정적 역할을 합니다. 건물이 서로 연결되어 있듯이 교회는 성도가 모두 연결된 한 몸 공동체입니다. 그러나 이것이 실제는 그렇게 잘 이루어지기 어렵습니다. 왜냐하면 인간은 자기만 생각하는 경향이 있기 때문입니다. 자기의 유익을 먼저 구하기 때문에 하나됨을 이루기 어렵습니다. 하나님의 말씀에 복종이 이루어지지 않는 한 우리는 그리스도 안에서 하나되기 어렵습니다.

교회의 주인은 예수님이십니다. 지체들이 그것을 전적으로 인정하고 그 앞에 복종할 때 교회가 건강하게 성장하고 발전합니다. 주님을 인정하는 지체 의식이 없으면 교회의 하나됨은 어렵습니다. 우리는 이것을 영적으로 느끼게 해달라고 기도해야 합니다.

08 모두가 하나

말씀의 살핌

1_ 본문에서 '하나'와 '한'이 들어가는 구절들이 많이 나옵니다. 이것은 교회를 의미하는 단어로 예수 그리스도와 하나됨을 말합니다.

2_ 교회는 하나되어야 합니다. 그것은 교회 안에 역사하시는 성령님도 하나이기 때문입니다. 주님도 한 분이시고 믿음도 하나요 세례도 하나이기 때문입니다. 예수 그리스도도 한 분이십니다. 모든 것이 그리스도를 통해 하나됨을 이루는 것과 관계가 있습니다. 그러므로 하나님을 믿는 교회는 어디서든지 하나됨에 대한 지체의식을 가져야 하고 서로 사랑해야 합니다.

3_ 하나됨을 이루기 위해서는 겸손과 온유와 오래 참음과 사랑과 용납이 필요합니다. 하나됨은 자기만 생각하는 욕심에서 벗어나 다른 사람을 배려하는 자세가 되지 않으면 힘듭니다. 성령의 아홉 가지 열매를 우리의 성품에 맺어서 그것을 통해 하나됨을 이루어야 합니

다. 오래 참고, 온유하며 다른 사람을 높이는 일을 하지 않고서는 결코 하나될 수 없습니다.

하나됨은 구호로 되는 것이 아니고 성령의 마음을 가져야 됩니다.

그리스도를 통해서 이런 마음을 얻도록 해야 합니다.

4_ 성령의 가장 중요한 사역은 평화 속에서 하나되게 하시는 일입니다.

5_ 하나됨을 위하여 부르심을 받았습니다. 결국은 하나됨을 이루는 것이 신앙의 궁극적 목표입니다. 물론 이것은 죄가 해결되지 않으면 불가능합니다.

그런 면에서 예수님의 은혜가 절대 필요합니다.

6_ 한 분이신 하나님이십니다. 세상을 만드신 분은 한 분이신 하나님이십니다. 그것은 하나님을 믿는 사람들은 모두가 한 자녀라는 의미입니다. 서로 하나된 자녀라고 생각하지 못하면 하나님을 믿는다고 볼 수 없습니다.

7_ 우리에게 은사를 주어 교회를 섬기게 한 것은 성도를 온전하게 하며 봉사의 일을 하며 그리스도의 몸을 세우기 위해서입니다.

8_ 우리가 하나되고 온전한 사람을 이루어 가기 위해서는 하나님의 아들을 믿는 믿음으로 자라가야 합니다. 다시 말하면 그리스도의 장성한 분량에 이르도록 해야 합니다. 하나님을 아는 일에 하나되지 않고서는 온전히 하나되기 어렵습니다. 믿는 것과 아는 일에 하나되

어야 합니다.

하나님에 대한 믿음이 하나되는 일에 가장 우선입니다.

9_ 그리스도의 한 몸을 세우는 것은 어느 한 개인으로는 하기 힘듭니다. 교회공동체는 모두가 함께 하나되면서 이루는 공동체입니다. 그것이 가장 건강한 교회 모습입니다. 하나됨을 방해하는 것을 주의하고 그것을 몰아내야 합니다. 하나됨을 이루기 위해서는 서로 교제하고 몸의 마디가 연결된 것처럼 서로 긴밀하게 영적으로 한 마음을 가져야 합니다.

말씀의 깨달음

1_ 신앙은 하나됨을 이루는 일입니다. 그것은 그리스도를 통한 하나됨입니다. 그리스도를 믿음으로 우리는 아브라함과 하나됩니다. 성경에 나오는 모든 인물들과 하나됨입니다. 하나되지 못한 것은 아직 하나님을 제대로 믿는 것이 아닙니다. 교회는 세상 속에서 하나됨을 보여주어야 합니다. 그것이 세상에 하나님을 전하는 가장 좋은 길입니다.

서로 사랑하고 서로 이해하고 섬기는 것은 결국 그리스도를 통한 하나됨을 이루기 위해서입니다. 거기에는 이미 화해가 들어가고 그것을 이루기 위한 희생이 있음을 말합니다. 어느 한 사람이 포기하는 것이 아니라 그리스도를 위해서 모두가 포기하고 순종해야 합니다.

세상이 하나됨은 어느 한편으로 하나되는 것을 원합니다. 그러다 보니 나중에는 또 다시 분열하게 됩니다. 세상에서는 하나될 수 없습니다. 왜냐하면 그리스도가 없기 때문입니다. 그리스도는 하나되게 하는 근원입니다. 얼마나 그리스도를 의지하느냐에 따라 하나됨은 결정됩니다.

성령의 하나되게 하심을 힘써 지키라는 것은 인간의 힘으로 하나되게 하라는 것이 아닙니다. 인간의 힘으로는 하나되게 할 수 없습니다. 오직 그리스도만이 하나됨을 이룰 수 있습니다. 이것은 교회 안에서도 마찬가지입니다. 죄인된 인간은 하나됨을 이룰 수 없습니다. 오직 그리스도만이 하나됨을 이룰 수 있습니다. 주님이 십자가의 희생으로 하나님과 우리 사이에 담을 허시고 화평을 이루고 하나됨을 이루었습니다. 우리는 다만 주님이 주신 하나됨을 힘써 지키는 것입니다. 내가 하나를 이룬다고 생각하면 그것은 교만이 될 수 있습니다. 이렇게 보면 하나되지 못하는 것은 그리스도가 행하신 하나됨의 은혜를 저버리는 것이 됩니다. 그것은 십자가의 죽음을 헛되이 하는 죄악입니다.

2_ 우리가 하나되게 하는 힘은 우리에게가 아닌 하나님에게 있습니다.

인간의 힘으로는 하나되는 것이 힘듭니다. 생각과 마음은 있지만 이것이 잘 안 되는 이유는 인간의 죄악 때문입니다. 늘 인간의 죄가 우리 사이를 갈등하게 하는 연고로 하나됨이 힘듭니다. 우리가 하나되기 위해서는 먼저 하나님의 하나됨을 배워야 합니다. 하나님과 예수님과 성령님은 하나되셨습니다. 우리는 이것을 삼위일체 하나님이라고 말합니다. 하나님은 한 분이십니다. 예수님도 한 분이십니다. 성령님도 한 분이십니다. 하나님 자체에는 이미 하나된 일체가 들어있습니다. 이것은 얼마나 하나됨을 강조하는지를 보여줍니다.

우리도 하나님, 성령님, 예수님이 하나된 것처럼 교회 안에서 하나됨을 이루어야 합니다. 교회가 세상 속에서 하나되는 주체가 되어야 합니다.

하나가 될 때 세상은 교회가 하나님을 섬기는 공동체임을 믿게 됩니다. 그러나 하나됨을 이루지 못하면 교회의 주인이신 하나님을 드러내지 못합니다. 얼마나 많은 교회들이 하나되지 못하고 다툼과 분열이 일어나는지 모릅니다. 그로 인해 하나님의 영광을 가리우는 일이 많습니다.

우리도 하나님과 예수님이 하나된 것처럼 교회 속에서 아름다운 모습을 이룰 수 없을까요.

3_ 하나됨을 이루었던 성경의 인물들이 많이 있습니다. 이들은 성경의 이런 의미를 잘 알고 하나를 이루는 데 기여했습니다. 요셉이 형들과 하나되는 것은 좋은 예입니다. 또 야곱과 에서가 하나되고, 아브라함과 롯이 하나됨을 이루는 모습을 봅니다. 집을 나간 아버지와 아들이 다시 만나 하나되는 모습은 하나님과 인간이 화해하며 하나되는 장면을 연상하게 합니다. 하나님의 사랑은 모두 하나됨을 가장 우선으로 생각하며 자신을 포기하고 용납하고 사랑했습니다.

그리스도인은 이미 그리스도를 통해 하나됨을 경험한 사람들입니다. 그렇다면 세상 속에서 하나되는 것을 사명으로 삼고 그것에 기여하는 사람이 되어야 합니다. 교회 역시 이런 모범을 보여 세상 속에서 하나님의 증인이 되고 하나님의 하나됨을 드러내는 삶을 살아야 합니다.

하나님의 손에서 하나 09

말씀의 살핌

1_ 하나님은 분열된 이스라엘을 하나되게 하신 비전을 보여주셨습니다. 막대기에 북쪽 에브라임과 이스라엘 온 족속이라고 쓰고 그 막대기를 서로 합하여 하나가 되게 하라고 하셨습니다. 에스겔을 통하여 둘이 하나가 되게 하셨습니다.

2_ 북 이스라엘과 남 유다가 막대기에 붙여서 하나된 것처럼 하나님의 손에서 하나될 것을 말씀하셨습니다. 하나되는 것은 각자 스스로는 불가능하고 하나님의 손에서만 가능합니다.

3_ 하나님은 분열된 이스라엘을 하나가 되게 하셔서 한 임금이 다스리게 한다고 말씀하십니다. 그리고 다시는 두 민족이 나눠지 않게 될 것을 말씀하십니다.

4_ 우상과 죄악에 빠진 이스라엘을 구원하여 정결하게 하신 분은 하나님이십니다. 그것을 통하여 드디어 하나님과 이스라엘은 관계

가 회복되며 하나님의 백성이 됩니다.

5_ 하나님이 주신 약속의 땅에서 자자손손 영원히 거주하며 다윗이 영원한 왕이 될 것입니다. 이것은 앞으로 오실 그리스도가 통치하는 이스라엘 나라를 의미합니다.

6_ 이런 일을 통하여 하나님은 이스라엘을 영원한 언약의 백성이 되게 하시고 견고하고 번성하여 하나님의 성소를 그 가운데 세워 영원히 이르게 하실 것입니다.

7_ 이스라엘은 하나님의 백성이 되고 하나님은 이스라엘의 하나님이 되십니다. 이것은 이스라엘과 하나님이 하나되는 모습을 말하고 있습니다.

8_ 하나님이 그들의 영원한 처소가 되어 이스라엘을 거룩하게 하십니다. 이것은 이런 이스라엘을 통하여 거룩하게 하는 분은 하나님이심을 알게 하는 데 목적이 있습니다. 하나님의 이름을 드러내는 민족으로 이스라엘을 세우실 것입니다. 이것을 위해서는 분열된 이스라엘이 하나가 되어야 합니다. 하나가 되는 목적은 하나님의 영광과 이름을 드러내는 데 있습니다.

말씀의 깨달음

1_ 하나됨은 오직 하나님 안에서만 가능합니다. 이것은 하나님이 해결해 주시지 않으면 인간의 하나됨은 힘들다는 것을 의미합니다.

많은 사람들이 통일을 이루지 못하고 하나됨이 힘든 이유는 하나님 안에서 하나되기보다는 자기를 먼저 생각하기 때문입니다. 하나됨은 하나님이 이루시는 일입니다. 그리고 하나님이 좋아하시는 일입니다. 이스라엘을 고난 속으로 몰아넣은 것은 하나님 안에서 하나되게 하기 위해서입니다. 그것을 통해 하나님의 이름을 드러내기 위함입니다. 인간의 힘으로 하나되면 인간의 이름이 드러납니다. 그러나 하나님 손에서 하나가 이루어지면 결국은 하나님의 영광이 나타납니다.

오늘도 하나님의 손에 의지하면서 하나님이 불가능을 가능하게 역사하시는 꿈을 꾸어야 합니다. 야곱과 에서가 화해하며 하나되는 사건은 인간의 힘으로 불가능하고 오직 하나님 손에서만 가능하다는 것을 보여주는 좋은 예입니다. 아무도 예측하지 못했지만 하나님이 역사하시어 극적인 하나됨을 이루는 모습은 감동적입니다. 우리가 하나님을 믿는 것은 이런 하나됨을 이루기 위함입니다. 그렇지 못하면 하나님을 믿는 의미가 없습니다. 하나님의 마음을 파악하지 못한 것입니다.

2_ 세상은 분열로 가득 차 있습니다. 다툼과 시기와 원망과 싸움이 쉬지 않습니다.

왜 그렇습니까? 그것은 인간의 죄 때문입니다. 다툼과 분열이 만연한 것은 인간의 죄가 가득 찼음을 말해 줍니다. 사회 모든 영역에서 이런 분열과 다툼이 생기는 것은 하나님을 알지 못하기 때문입니다. 또한 하나님에 대한 믿음이 부족해서입니다. 하나님의 뜻을 잘 파악하지 못했기 때문입니다. 자기의 욕심과 욕망에 사로잡혀 살아가는 인간 세상에서 이런 일은 흔히 일어납니다. 인간 사회는 이런 죄로 인하여 소외가 더욱 심해집니다.

이것을 해결하기 위해서는 그리스도를 믿음으로 하나님과 먼저 화해하고 일치를 이루어 그 힘으로 지역과 문화와 사회와 정치 영역에서 하나됨을 이루어야 합니다. 그것이 그리스도인의 사명이요, 교회가 세상에 존재하는 이유입니다.

교회를 통하여 지역과 이웃과 배경을 초월하여 그리스도 안에서 모두가 하나되는 아름다운 그림을 그려야 합니다.

엔크리스토 제자양육성경공부

인도자지침서

7 영성과정

영성훈련

1. 말씀(시편)기도

2. 경건의 시간(큐티)

3. 관계훈련

4. 성경통독

5. 소그룹대화기도

6. 말씀 찬양

7. 홀로 있는 시간

8. 중보기도

9. 찬송기도

10. 듣고 말하는 기도

11. 식탁의 사귐

12. 영적 독서

13. 섬김훈련

14. 사랑의 실천

15. 전도훈련

16. 복음현장 탐방

17. 리트릿 수양회

영성훈련 과정은 17가지 핵심 신앙훈련을 중심으로 정리되었습니다.

지침서는 따로 필요 없습니다. 교재를 그대로 사용하면 모두가 할 수 있도록 정리했습니다. 그래서 7권에 대한 내용은 지침서가 없습니다. 영성훈련은 각자 자기의 영성을 함양하는 것으로 온전한 제자를 만드는 것이 목표입니다.

영성훈련은 한 번에 끝나는 것이 아니고 이 지침을 토대로 평생 동안 균형 잡힌 영성을 훈련하도록 구성되었습니다. 따라서 제자양육 과정을 마친 것으로 끝나는 것이 아니라 이 영성훈련 과정을 통해 스스로 몸에 계속 숙달되도록 해야 합니다. 얼마나 지속적으로 거룩한 습관을 가지고 훈련하느냐에 따라 효과가 다르게 나타납니다.

이 훈련은 혼자 하기 힘들고 교회공동체를 통해서 교역자를 중심으로 쉬지 않고 반복하고 반복하여 더 깊이를 드러내는 과정으로 적용할 수 있습니다. 경건에 이르기를 연습하는 것처럼 공동체를 통해 지체들이 서로 격려하면서 계속 훈련해야 합니다.

엔크리스토 성경공부 양육 교재

책별 66권 성경공부

성경 전체 66권을 각 권별로 자유롭게 선택하여 사용할 수 있는 성경공부.
성경 전체를 체계적으로 연구할 수 있다.

창세기 1 · 2 · 3 · 4, 느헤미야, 요한복음 1 · 2, 로마서, 에스더, 다니엘, 사도행전 1 · 2 · 3
요한계시록 1 · 2, 마가복음 1 · 2 (계속 발간됩니다)

엔크리스토 제자양육성경공부

한 사람을 온전한 제자로 만드는 과정으로 7단계로 구성되었있다. 전도(복음소개)와 양육(일대일 양육, 이야기대화식 성경공부)과 영성(영성훈련)의 3차원을 통전적으로 연결되어 있으며 제자훈련 과정으로 적합하다.

복음소개 · 일대일 양육 · 새로운 사람 · 성장하는 사람
변화된 사람 · 영향력 있는 사람 · 영성훈련(전7권)

인도자를 위한 지침서

- 인도자 지침서(십대 성경공부 101 · 201 · 301시리즈) | 이대희 지음
- 인도자 지침서(틴꿈 십대성경공부) | 이대희 지음
- 인도자 지침서(엔크리스토 제자양육성경공부) | 이대희 지음
- 인도자 지침서(30분 성경공부 믿음편 기초, 성숙 | 생활편 개인, 교회) | 이대희 지음

성경공부에 필요한 참고 서적

- 이야기 대화식 성경연구 | 이대희 지음 | 10,000원
- 크리스천이 꼭 알아야할 100문 100답 | 이대희 지음 | 10,000원
- 꿈을 이루는 10대 크리스천을 위한 52가지 | 이대희 지음 | 10,000원

성서사람 · 성서교회 · 성서한국 · 성서나라를 꿈꾸는 **엔크리스토 성경대학**을 소개합니다!

특 징

성경 66권을 쉽고 재미있게, 깊이 있게 배우면서 한국적 토양에 맞는 현장과 삶에 적용하는 한국적 성경전문학교

모집과정(반별로 2시간씩이며 선택 수강 가능)

- 성경주제반: 성경의 중요한 핵심 주제를 소그룹의 토의와 질문을 통하여 배운다.(투데이성경공부/30분성경공부)
- 성경개관반: 66권의 성경 전체의 맥과 흐름을 일관성 있게 잡아준다.(잘 정리된 그림과 도표와 본문 사용)
- 성경책별반: 66권의 책을 구약과 신약 한 권씩 선정하여 워크숍 중심으로 학기마다 연구한다.(3년 과정)

모집대상

목회자반/ 신학생반/ 평신도반(교사, 부모, 소그룹 양육리더, 구역장, 중직)

시 간

월요일(오전 10시 30분~오후 5시 30분/ 개관반 · 책별반 · 주제반)

수업학제

겨울학기 : 12~2월 | 봄학기 : 3~6월 | 여름학기 : 6~8월 | 가을학기 9~11월
(자세한 내용은 홈페이지 참조 요망. 학기마다 사정에 따라 일자가 변경될 수 있음)

수업의 특징

- 이야기대화식 성경연구방법으로 12주(3개월 과정) 진행
- 전달이나 주입식이 아닌 성경 보는 눈을 열어주고 경험하게 하면서 성경의 보화를 스스로 캐는 능력을 터득하게 하는 방법을 지향하며 소그룹 워크숍 형태로 진행

강사 : 이대희 목사와 현직 성서학 교수와 현장 성경전문 강사

장소 : 바이블미션
서울시 송파구 가락동 96-5(지하철 8호선 가락시장역)

신청 : 개강 1주일 전까지 선착순 접수(담당 : 채금령 연구간사)

문의 : 바이블미션-엔크리스토 성경대학(010-2731-9078, 02-403-0196)
(홈페이지 www.bible91.org)